독학명심보감

이상기 역

독학 명심보감(明心寶鑑)

이상기 역

積善之家
必有餘慶

一九九四年 李相麒

序 文

「명심보감(明心寶鑑)」은 고려 충렬왕 때의 문신이었던 추적(秋適)이 저술한 책으로서 19편으로 되어 있던 것을 근래에 효행·염의·권학 등 5편을 증보해서 24편으로 구성되어 있다.

명심보감의 가르침은 종교일 수도 있고, 가훈(家訓)·사훈(社訓)·교훈(校訓)일 수도 있으며, 내일의 후손들이 살아가야 할 올바른 삶의 방법을 제시하는 것이 바로 명심보감이라고 할 수 있다.

단지 흘러간 한 시대의 사람들이 남긴 글귀만이 아니라 앞으로 먼 장래를 사는 데 필요한 처세훈이요 격언(格言)·금언(金言)이 된다는 것을 확신해야 한다.

끝으로 이 책을 출판하여 주신 전원문화사 김철영 사장님과 편집부 여러분들에게 사의를 표합니다.

1994年 12月
譯者 이 상 기

차례

차례

이 책의 특색

1. 「명심보감」은 원래 세로로 되어 있으며, 또 시중에 나와 있는 책도 거의 세로로 되어 있다. 그러나 우리들 현실은 모든 서적의 글이 가로로 되어 있기에 세로로 읽으려면 뭔가 어색한 느낌을 준다. 다시 말해서 우리들은 가로로 읽어가는 데 눈이 습관화되고 익숙해져서 가로로 읽도록 글자를 배치하였다.

2. 다른 책에는 전문 해설은 있는데 한자(漢字) 하나하나에 음독(音讀)·훈독(訓讀)이 없는 것을 착안해서 이 책에서는 약간 어려운 자에는 음독·훈독을 달아 놓아서 공부하는 데 보다 편리하도록 했다.

3. 역사적인 인물이나 사실을 알아야 할 항목에는 주(註)를 달아서 요령있고 간단하게 설명해 놓았다.

1. 繼善篇(계선편)

—끊임없는 선행—

자왈 위선자 천보지이복
子曰 爲善者는 天報之以福하고
위불선자 천보지이화
爲不善者는 天報之以禍니라

【訓音讀】

爲 할 위　　善 착할 선　　報 갚을 보
禍 재앙 화　　以 써 이　　之 이 지(지시 대명사)

【解說】

공자가 말씀하시기를, "착한 일을 하는 사람에게는 하늘이 복으로써 보답하시고, 좋지 못한 일을 하는 사람에게는 하늘이 재앙으로써 보답하시니라."고 하셨다.

【註】

- 공자(孔子, 기원 전 552~479) : 춘추시대(春秋時代) 말기 노(魯)나라 사람.
  인(仁)을 근본으로 하는 윤리 도덕(倫理道德)을 설명하여 인간(人間)의 갈 길을 밝혔다. 공자, 예수, 석가를 세계 삼대 성인(三大聖人)이라고 한다.

한소열 장종 칙후주왈물이선
漢昭烈이 將終에 勅後主曰勿以善
소이불위 물이악소이위지
小而不爲하고 勿以惡小而爲之하라

【訓音讀】

勅 칙서 칙　　勿 금지할 물　　而 말 이을 이

【解說】

한나라의 소열 황제(昭烈皇帝)가 죽을 때 후주에게 조칙을 내려서 말씀하기를, "선이 작다고 해서 아니하지 말며, 악이 작다고 해서 하지 말라."고 하셨다.

【註】

- 한(漢) : 고대 중국(기원 전 206~서기 220년)
- 소열(昭烈) : 성은 유(劉), 이름은 비(備).
  어진 신하 제갈량(諸葛亮)의 보필을 얻어서 위(魏)와 오(吳)나라와 더불어 삼국(三國)을 형성하였다.
- 후주(後主) : 소열 황제의 아들. 이름은 선(禪).
  어리석은 왕으로 제갈량이 죽은 뒤 위나라에 항복하였다.

장자왈 일일불념선 제악
莊子曰 一日不念善이면 諸惡이
개자기
皆自起니라

【訓音讀】

念 생각 념　　　諸 모든 제　　　皆 다 개

【解說】

장자가 말씀하기를, "하루라도 착한 일을 생각지 않으면 모든 악한 것이 모두 다 저절로 일어나느니라."고 하셨다.

【註】

- 장자(莊子) : 전국 시대 송(宋)나라 사람. 이름은 주(周). 노자(老子)의 무위 자연설(無爲自然說)을 크게 발전시켜서 노장 사상(老莊思想)을 이룩하였다.

태공 왈 견선여갈 문악
太公이 曰 見善如渴하고 聞惡
여롱 우왈 선사 수탐
如聾하라 又曰 善事란 須貪하고
악사 막락
惡事란 莫樂하라

【訓音讀】

太 클 태　　如 같을 여　　渴 목마를 갈
聾 귀머거리 롱　　須 모름지기 수　　貪 탐낼 탐
莫 아닐 막

【解說】

태공이 말하기를, "착한 일을 보거든 목마를 때 물을 본 듯이 주저하지 말며, 악한 것을 듣거든 귀머거리같이 하라. 또 착한 일이란 모름지기 탐내야 하며, 악한 일이란 즐겨하지 말라."고 하셨다.

【註】

- 태공(太公) : 성은 강(姜), 이름은 여상(呂尙).
  중국(中國) 산동성(山東省) 태생, 주(周)나라 초기의 현자(賢者)다. 낚시질을 하다가 문왕(文王)에게 기용(起用)된 전설은 너무나 유명하다.(강태공의 낚시질)

마원　왈　종신행선　선유부
馬援이 **曰 終身行善**이라도 **善猶不**
족　일일행악　악자유여
足이요 **一日行惡**이라도 **惡自有餘**니라

【訓音讀】

終 마칠 종　　猶 오히려 유　　足 넉넉할 족

餘 남을 여

【解說】

마원이 말하기를, "한평생 착한 일을 행하여도 착한 것은 오히려 부족하고 단 하루를 악한 일을 행하여도 악은 스스로 남음이 있느니라."고 하셨다.

【註】

- 마원(馬援) : 중국(中國) 후한(後漢) 때 사람.
  흉노(匈奴) 토벌 등 많은 무공(武功)을 세웠으며, 나중에 장군(將軍)으로 임명되었다.

사마온공　왈　적금이유자손
司馬温公이 **曰** **積金以遺子孫**이

미필자손　능진수　적서
라도 **未必子孫**이 **能盡守**요 **積書**

이유자손　미필자손　능진
以遺子孫이라도 **未必子孫**이 **能盡**

독　불여적음덕어명명지중
讀이니 **不如積陰德於冥冥之中**하

이위자손지계야
야 **以爲子孫之計也**니라

【訓音讀】

積 쌓을 적 遺 남길 유 能 능할 능

盡 다할 진 必 반드시 필 冥 어두울 명

【解說】

사마온공이 말하기를, "돈을 쌓아서 자손에게 남겨 준다 해도 자손이 반드시 다 지킨다고 할 수 없으며, 책을 쌓아서 자손에게 남겨 준다 해도 자손이 반드시 다 읽는다고 볼 수 없다. 남모르는 가운데 덕을 가만히 쌓아서 자손을 위한 계획을 하느니만 같지 못하느니라."고 하셨다.

【註】

● 사마온공(司馬溫公) : 북송(北宋)의 정치가이며 학자다.

경행록 왈 은의 광시 인

景行錄에 **曰 恩義**를 **廣施**하라 **人**

생하처불상봉 수원 막결

生何處不相逢이니 **讐怨**을 **莫結**하

노봉협처 난회피

라 **路逢狹處**면 **難回避**니라

【訓音讀】

景 볕 경, 경치 경 錄 기록할 록 施 베풀 시

相 서로 상 逢 만날 봉 讐 원수 수=讎

怨 원망할 원　　結 맺을 결　　狹 좁을 협
難 어려울 난

【解說】

「경행록」에 말하기를, "은혜와 의리를 널리 베풀라. 인생이 어느 곳에서든지 서로 만나지 않으랴! 원수와 원한을 맺지 마라. 길이 좁은 곳에서 만나면 피하기가 어려우니라."고 하였다.

【註】

- 경행록(景行錄) : 송(宋)나라 때 책.

장자왈 어아선자 아역선지
莊子曰 於我善者도 我亦善之하고
어아악자 아역선지 아기
於我惡者도 我亦善之니라 我旣
어인 무악 인능어아 무
於人에 無惡이면 人能於我에 無
악재
惡哉인저

【訓音讀】

亦 또 역　　旣 이미 기　　於 어조사 어
哉 어조사 재

【解說】

장자가 말씀하기를, "나에게 착한 일을 하는 자에게도 내 또한 착하게 하고, 나에게 악한 일을 하는 자에게도 내 또 한 착하게 할 것이다. 내가 이미 남에게 악하게 아니하였으면 남도 나에게 악하게 할 수 없을 것이니라."고 하셨다.

동악성제수훈 왈 일일행선
東岳聖帝垂訓에 曰 一日行善이
복수미지 화자원의 일
라도 福雖未至나 禍自遠矣오 一
일행악 화수미지 복자원
日行惡이라도 禍雖未至나 福自遠
의 행선지인 여춘원지초
矣니 行善之人은 如春園之草하여
불견기장 일유소증 행
不見其長이라도 日有所增하고 行
악지인 여마도지석 불견
惡之人은 如磨刀之石하여 不見
기손 일유소휴
其損이라도 日有所虧이니라

【訓音讀】

岳 큰산 악　　垂 드리울 수　　雖 비록 수

增 더할 증　　磨 갈 마　　虧 이지러질 휴

【解說】

동악 성제가 훈계를 내려 말하기를, "하루 착한 일을 행할지라도 복은 비록 이르지 아니하나 화는 스스로 멀어진다. 하루 악한 일을 행할지라도 화는 비록 이르지 아니하나 복은 스스로 멀어진다. 착한 일을 행하는 사람은 봄 동산의 풀과 같아서 그 자라나는 것이 보이지 않으나 날로 더하는 바가 있고, 악을 행하는 사람은 칼을 가는 숫돌과 같아서 갈리어서 닳아 없어지는 것이 보이지 않아도 날로 이지러지는 것과 같으니라."고 하셨다.

【註】

- 동악 성제(東岳聖帝) : 이름과 연대는 알지 못하나 성현(聖賢)의 한 사람.

子曰(자왈) 見善如不及(견선여불급)하고 見不善如探湯(견불선여탐탕)하라

【訓音讀】

及 미칠 급　　探 찾을 탐　　湯 끓는물 탕

【解說】

공자가 말씀하기를, "착한 것을 보거든 미치지 못하는 것과 같이 하고 악한 것을 보거든 끓는 물을 만지는 것과 같이 하라."고 하셨다. 즉 선을 행하는 데 힘쓰고 악을 멀리할 것을 강조한 뜻이다.

2. 天命篇(천명편)

— 하늘의 명 —

子曰(자왈) 順天者(순천자)는 存(존)하고 逆天者(역천자)는 亡(망)이니라

【訓音讀】

順 순할 순　　存 있을 존　　逆 거역할 역

【解說】

공자가 말씀하기를, "하늘의 명을 순종하는 자는 살고, 하늘의 명을 거역하는 자는 망하느니라."고 하셨다.

康節邵先生(강절소선생)이 曰(왈) 天聽(천청)이 寂無音(적무음)하니 蒼蒼何處尋(창창하처심)고 非高亦非遠(비고역비원)이라 都只在人心(도지재인심)이니라

【訓音讀】

聽 들을 청　　寂 고요할 적　　蒼 푸를 창

處 곳 처　　只 다만 지

【解說】

강절소 선생이 말씀하기를, "하늘이 들으심이 고요하여 소리가 없으니 푸르고 푸른 데 어느 곳에서 찾을 것인가. 높지도 않고 또한 멀지도 않다. 모두가 다만 사람의 마음 속에 있는 것이니라."고 하셨다. 다시 말한다면, 소리도 없이 푸르고 푸르기만 한 하늘은 찾을 길도 없고, 있는 곳도 없다. 오직 내 마음속에 있다는 뜻이다.

【註】

- 강절소(康節邵, 1011~1077) : 송(宋)나라 시대 유학자(儒學者).

  강절(康節)은 죽은 후에 지은 시호이다. 성은 소(邵), 이름은 옹(雍).

玄帝垂訓(현제수훈)에 曰(왈) 人間私語(인간사어)에도 天(천)聽(청)은 若雷(약뢰)하고 暗室欺心(암실기심)이라도 神(신)目(목)은 如電(여전)이니라

【訓音讀】

垂 드리울 수　　雷 우레 뢰　　暗 어두울 암

欺 사기 기

【解說】

현제가 훈계를 내려 말하기를, "사람의 사사로운 말도 하늘이 듣는 것은 우레와 같으며 어두운 방 속에서 마음은 속여도 귀신의 눈은 번개와 같으니라."고 하셨다. 다시 말해서, 낮말은 새가 듣고 밤말은 쥐가 듣는다는 말이 있다. 사람은 남이 보지 않고 듣지 않는 곳일수록 더욱 말과 행동을 조심해야 할 것을 강조한 글이다.

익지서　　운　악관　　약만
益智書에　**云**　**惡鑵**이　**若滿**이면
천필주지
天必誅之니라

【訓音讀】

鑵 물 긷는 그릇 관, 두레박 관　　滿 가득 찰 만
誅 벌 줄 주, 꾸짖을 주

【解說】

「익지서」에 이르기를, "나쁜 마음을 기르고 가득 차면 하늘이 반드시 벌을 줄 것이니라."고 하였다. 다시 말해서 사람의 마음속에 악한 생각이 가득 차 있으면 거기에 대

한 보복이 반드시 따르게 마련이라는 뜻이다.

【註】

- 익지서(益智書) : 송(宋)나라 시대의 책.

장자왈 약인 작불선 득현
莊子曰 若人이 **作不善**하여 **得顯**

명자 인수불해 천필육지
名者는 **人雖不害**나 **天必戮之**니라

【訓音讀】

得 얻을 득　　顯 나타낼 현　　雖 비록 수

戮 죽일 륙

【解說】

장자가 말씀하기를, "만일 사람이 착하지 못한 일을 해서 이름을 얻어 세상에 나타낸 자는 사람이 비록 해치지 않더라도 하늘이 반드시 죽일 것이니라."고 하셨다. 다시 말해서 사람이 악한 짓을 해서 그 이름을 나타내는 자는 일시적으로 부귀와 영화를 누릴지 모르나 하늘이 결코 그대를 버려 두지 않는다는 뜻이다.

종과득과 종두득두 천망
種瓜得瓜하고 **種豆得豆**니 **天網**이
회회 소이불루
恢恢하야 **疎而不漏**니라

【訓音讀】

種 씨종　　瓜 오이과　　豆 콩두
網 그물망　　恢 넓을회　　漏 샐루
疎 멀소, 보이지 않을 소

【解說】

오이씨를 심으면 오이를 얻고 콩을 심으면 콩을 얻는다. 하늘의 그물이 넓고 넓어서 보이지는 않으나 새지 않는다. 다시 말해서 사람이 선을 행하면 반드시 복이 오고 악을 행하면 재앙이 돌아오는 것은 하늘의 변함없는 법칙이다. 하늘이 비록 넓고 넓으나 사소한 일 하나라도 놓치지 않아 모든 일은 원리에 따라 돌아가게 된다는 뜻이다.

자왈 획죄어천 무소도야
子曰 獲罪於天이면 無所禱也이니라

【訓音讀】

獲 얻을 획　　禱 빌 도　　也 어조사 야

【解說】

공자가 말씀하기를, "하늘 아래서 나쁜 일을 하여 죄를 얻으면 빌 곳이 없느니라."고 하셨다. 다시 말해서 죄를 짓게 되면 호소할 곳이 없다는 뜻이다.

3. 順命篇(순명편)

— 숙명의 길 —

자 왈 사 생 유 명 부 귀 재 천

子曰 死生이 有命이요 富貴는 在天이니라

【訓音讀】

死 죽을 사　　命 목숨 명　　富 부자 부

貴 귀할 귀　　在 있을 재

【解說】

공자가 말씀하기를, "죽고 사는 것은 명에 있고 부자가 되고 귀하게 되는 것은 하늘에 있느니라."고 하셨다. 다시 말해서 생사는 어디까지나 명이 있는 것이기 때문에 오래 살고 싶어도 마음대로 되지 않으며, 재산이 많고 귀한 몸이 되는 것도 하늘에 달려 있기 때문에 억지로 구할 수 없는 것이라는 뜻이다.

만 사 분 이 정 부 생 공 자 망

萬事分已定이어늘 浮生空自忙이니라

【訓音讀】

事 일 사　　分 나눌 분　　已 이미 이

浮 뜰 부　　　　忙 바쁠 망

【解說】

모든 일은 분수(운명)가 이미 결정되어져 있는데, 세상 사람들이 공연히(부질없이) 스스로 바쁘게 움직이니라. 다시 말해서 매사가 이미 정해져 있는 것을 모르고 쓸데없이 바쁘게 활동하고 있는 세상 사람들의 어리석음을 한탄한 말이다.

경행록　　운　화불가행면　　　복 **景行錄**에 **云 禍不可倖免**이요 **福** 불가재구 **不可再求**니라

【訓音讀】

云 이를 운, 말할 운　禍 재화 화　倖 요행 행
免 면할 면　求 구할 구

【解說】

「경행록」에 이르기를, "화는 요행으로는 면하지 못할 것이고 복은 가히 두 번 다시 구할 수 없을 것이니라."고 하였다. 다시 말해서 닥쳐올 재난은 요행으로 피할 수 없으며, 한 번 놓친 복은 또다시 구할 수 없다는 뜻이다.

시래풍송등왕각 운퇴뢰굉
時來風送騰王閣이요 **運退雷轟**
천복비
薦福碑라

【訓音讀】

閣 누각 각　　轟 울릴 굉　　薦 추천할 천
碑 비석 비

【解說】

때가 이르면 왕발(王勃)이 순풍을 만나 등왕각에 가서 서문을 지어 이름을 세상에 높이고, 운이 없으면 천복비에 벼락이 떨어져 비석문이 깨어져 천신만고가 수포로 돌아간다는 것이다. 즉, 어디까지나 운명의 필연성과 중요성을 강조한 글이다.

【註】

- 등왕각(騰王閣) : 양자강 유역 남창(南昌)에 있음.
- 왕발(王勃) : 당(唐)나라 때 시인(詩人). 등왕각서(騰王閣序)를 지음.
- 천복비(薦福碑) : 원나라 때 마지원(馬致遠)이 세운 것이라는 설도 있고, 당나라 때 구양순(歐陽詢)이 비문을 썼다는 설도 있다.

열자왈 치롱고아 가호부
列子曰 痴聾痼啞도 家豪富요
지혜총명 각수빈 연월일
智慧聰明도 却受貧이라 年月日
시해재정 산래유명불유인
時該載定하니 算來由命不由人
이니라

【訓音讀】

痴 어리석을 치　聾 귀먹을 롱　痼 고질 고
啞 벙어리 아　智 지혜 지　慧 지혜 혜
却 도리어 각　該 해당할 해

【解說】

열자가 말씀하기를, "어리석고, 귀먹고, 고질이 있고, 벙어리라도 집은 호화롭고 부자요, 지혜 있고 총명하지만 도리어 가난하느니라. 운수는 해와 달과 날과 시가 분명히 정하여 있으니 계산해 보면 부귀는 사람으로 인해서 있지 않고 하늘의 명에 있는 것이니라."고 하셨다. 즉, 부귀와 빈천은 사람의 정해진 운명에 있으며 억지로 얻을 수는 없다는 것이다.

【註】

- 열자(列子) : 이름은 어구(御寇).
  중국 춘추 시대의 도가(道家). 그의 저서를 「열자(列子)」라고 하였다.

4. 孝行篇(효행편)

— 부모에게 효도하는 길 —

詩에 曰 父兮生我하시고 母兮鞠我하시니 哀哀父母여 生我劬勞샷다 欲報深恩인대 昊天罔極이로다

(시 왈 부혜생아 모혜국아 애애부모 생아구로 욕보심은 호천망극)

【訓音讀】

兮 어조사 혜(감동을 나타내는 어조사)　鞠 기를 국

昊 넓은 하늘 호

【解說】

「시경」에 이르기를, "아버지 나를 낳으시고 어머니 나를 기르시니 애닯고 슬프도다. 나를 낳아 기르시느라고 애쓰시고 수고하셨도다. 그 깊은 은혜를 갚고자 한다면 넓은 하늘도 다함이 없도다."고 하였다.

즉, 나를 낳아서 키워 주시며 사람을 만들어 주신 어버이의 숭고한 사랑과 노고를 찬양한 것으로서, 저 넓은 하늘과 같이 끝이 없는 은혜를 보답할 길이 없음을 한탄한 것이다.

【註】

- 사서(四書) : 논어(論語), 맹자(孟子), 중용(中庸), 대학(大學).

• 삼경(三經) : 시경(詩經), 서경(書經), 주역(周易).

자왈 효자지사친야 거즉치
子曰 孝子之事親也는 居則致

기경 양즉치기락 병즉치
其敬하고 養則致其樂하고 病則致

기우 상즉치기애 제즉치
其憂하고 喪則致其哀하고 祭則致

기엄
其嚴이니라

【訓音讀】

致 다할 치　　憂 근심 우　　喪 초상 상
祭 제사 제

【解說】

공자가 말씀하기를, "효자가 어버이를 섬기는 것은 기거하심에 그 공경을 다하고, 봉양함에는 즐거움을 다하고, 병이 들었을 때는 그 근심을 다하고, 죽음을 맞을 때는 그 슬픔을 다하고, 제사가 있을 때에 그 엄숙함을 다할 것이니라."고 하셨다. 다시 말해서 부모를 섬기는 데 자식 된 도리를 다하며 어떻게 섬기는 것이 가장 좋은 것인가를 말한 것이다.

자왈 부모재 불원유
子曰 父母在어시든 不遠遊하며
유필유방
遊必有方이니라

【訓音讀】

在 있을 재　　遠 멀 원　　遊 놀 유
方 방향 방

【解說】

공자가 말씀하기를, "부모가 살아 계시거든 멀리 떨어져 놀지 말 것이며, 놀 때에는 반드시 그 가는 곳을 알려야 하느니라."고 하셨다.

다시 말해서 부모를 모시고 있는 사람은 행동에 각별히 조심해서 부모로 하여금 걱정을 시켜서는 안 된다는 것을 말한 것이다.

자왈 부명소 유이불락
子曰 父命召어시든 唯而不諾하고
식재구즉토지
食在口則吐之니라

【訓音讀】

召 부를 소　　唯 오직 유=惟　　則 곧 즉

諾 허락할 낙, 머뭇거릴 낙　　吐 토할 토

【解說】

공자가 말씀하기를, "아버지께서 부르시면 속히 대답하여 머뭇거리지 말고, 음식이 입에 있거든 즉시 뱉어 내고 대답할 것이니라."고 하셨다. 다시 말해서 아버지 명령에 복종하고 아버지를 어렵게 생각하라는 뜻이다.

태공　　왈　효어친　　자역효지
太公이　**曰**　**孝於親**이면　**子亦孝之**하나니
신기불효　　자하효언
身旣不孝면　**子何孝焉**이리요

【訓音讀】

旣 이미 기　　不 아닐 불　　何 어찌 하

焉 어조사 언(의문이나 반어를 나타내는 말)

【解說】

태공이 말하기를, "내 자신이 어버이에게 효도하면 내 자식이 또한 나에게 효도한다. 내가 어버이에게 불효하면 자식이 어찌 나에게 효도할 것인가."라고 하셨다. 즉, 나

자신이 부모에게 불효하면 자식도 그것을 본받아서 나에게 불효를 하게 된다는 뜻이다.

효순 환생효순자 오역
孝順은 還生孝順子요 忤逆은
환생오역자 불신 단간
還生忤逆子하나니 不信커든 但看
첨두수 점점적적불차이
簷頭水하라 點點滴滴不差移니라

【訓音讀】

還 돌아올 환　　忤 거스를 오　　逆 거스를 역
但 다만 단　　簷 처마 첨　　滴 떨어질 적
移 옮길 이

【解說】

효도하고 순한 사람은 똑같이 효도하고 순한 자식을 낳을 것이며, 오역한 사람은 역시 오역한 자식을 낳을 것이다. 믿지 못하겠거든 다만 저 처마끝의 낙수를 보라. 한 방울 한 방울 떨어져 내림이 차이가 없느니라. 즉 부모에 효성을 다하면 자식들로부터 효도를 받을 수 있다는 것이다.

5. 正己篇(정기편)

— 바른 성품과 하늘의 이치 —

성리서　운 견인지선이심기지
性理書에 云 見人之善而尋己之
선　견인지악이심기지악
善하고 見人之惡而尋己之惡이니
여차　방시유익
如此면 方是有益이니라

【訓音讀】

尋 찾을 심　方 바야흐로 방　是 이 시
益 이로울 익

【解說】

「성리서」에 이르기를, "남의 착한 것을 보고서 나의 착한 것을 찾고, 남의 악한 것을 보고서 나의 악한 것을 찾을 것이니 이와 같이 함으로써 바야흐로 유익함이 있을 것이니라."고 하였다. 다시 말해서, 선한 사람도 악한 사람도 다 나의 스승이란 말이다.

【註】

- 성리서(性理書) : 인간의 심성과 우주의 원리를 연구하는 학문이다.

경행록 운 대장부 당용인
景行錄에 **云 大丈夫**는 **當容人**이
무위인소용
언정 **無爲人所容**이니라

【訓音讀】

丈 어른 장	夫 사내 부
容 용서할 용	爲 할 위

【解說】

「경행록」에 이르기를, "대장부는 타인을 용서할지언정 남의 용서를 받는 사람이 되지 말 것이니라."고 하였다. 다시 말해서 사람은 언제나 남을 용서해 줄 처지에 있어야 하며, 남에게 지탄을 받지 말아야 한다는 뜻이다.

태공왈 물이귀기이천인 물
太公曰 勿以貴己而賤人하고 **勿**
이자대이멸소 물이시용이
而自大而蔑小하고 **勿以恃勇而**
경적
輕敵이니라

【訓音讀】

勿 말 물　　　賤 천할 천　　　蔑 업신여길 멸

恃 모실 시, 믿을 시

【解說】

태공이 말하기를, "나를 귀하게 여김으로써 남을 천하게 여기지 말고, 자기가 크다고 해서 남의 작은 것을 업신여기지 말며, 용맹을 믿고서 적을 가볍게 여기지 말 것이니라."고 하셨다.

다시 말해서 자신이 위대하다고 해서 평범한 사람을 업신여긴다든지 힘이 강하다고 해서 적을 가볍게 여기는 것은 벌써 미덕을 해치는 그릇된 생각이며 행동을 조심하라는 것이다.

마원　왈　문인지과실　　여
馬援이 **曰 聞人之過失**이어든 **如**
문부모지명　　이가득문
聞父母之名하여 **耳可得聞**이언정
구불가언야
口不可言也이니라

【訓音讀】

過 허물 과　　　失 잃을 실　　　耳 귀 이

可 옳을 가

【解說】

마원이 말하기를, "남의 과실을 듣거든 부모의 이름을 듣는 것과 같이 하여 귀로 들을지언정 입으로 말해서는 안 된다."고 하셨다. 즉, 타인의 허물을 듣기는 해도 내가 말해서는 안 된다는 뜻이다.

강 절 소 선 생 왈 문 인 지 방
康節邵先生이 曰 聞人之謗이라도
미 상 노 문 인 지 예 미 상 희
未嘗怒하며 聞人之譽라도 未嘗喜
문 인 지 악 미 상 화 문
하며 聞人之惡이라도 未嘗和하며 聞
인 지 선 즉 취 이 화 지 우 종
人之善이면 則就而和之하고 又從
이 희 지 기 시 왈 낙 견 선 인
而喜之니라 其詩에 曰 樂見善人
낙 문 선 사 낙 도 선 언 낙
하며 樂聞善事하며 樂道善言하며 樂
행 선 의 문 인 지 악 여 부 망
行善意하고 聞人之惡이어든 如負芒
자 문 인 지 선 여 패 난 혜
刺하고 聞人之善이어든 如佩蘭蕙니라

【訓音讀】

謗 비방할 방 嘗 일찍 상 譽 기릴 예
負 짐질 부 芒 가시 망 刺 찌를 자
佩 찰 패 蕙 난초 혜

【解說】

강절소 선생이 말하기를, "남의 비방을 들어도 성내지 말며 남의 좋은 소문을 들어도 기뻐하지 말라. 남의 악한 것을 듣더라도 이에 동조하지 말며 남의 착한 것을 듣거든 곧 나아가 이를 정답게 하고 또 따라서 기뻐할 것이니라."고 하셨다.

그 시에 말하기를, "착한 사람 보기를 즐겨하며 착한 일 듣기를 즐겨하며 착한 말 이르기를 즐겨하며, 착한 뜻 행하기를 즐겨하라. 남의 악한 것을 듣거든 가시를 몸에 진 것같이 하고, 남의 착한 것을 듣거든 난초를 몸에 지는 것같이 하라." 고 하셨다. 즉, 사람들에게 악을 멀리하고 선을 좋아하는 품위 있는 인간이 되기를 권하는 것이다.

도오선자 시오적 도오악
道吾善者는 **是吾賊**이요 **道吾惡**
자 시오사
者는 **是吾師**이니라

【訓音讀】

賊 도적 적　　是 이 시　　師 스승 사

【解說】

나를 착하다고 말해 주는 사람은 곧 내게는 악인이요, 나의 나쁜 점을 지적해 주는 사람은 곧 나의 스승이니라. 다시 말해서 나의 결점을 지적해 주는 사람이야말로 진정으로 나를 도와주는 사람이라는 뜻이다.

태공　　왈　근위무가지보　　신
太公이 **曰 勤爲無價之寶**요 **愼**
시호신지부
是護身之符니라

【訓音讀】

價 값 가　　寶 보배 보　　愼 삼갈 신
護 보호할 호　　符 부적 부

【解說】

태공이 말하기를, "부지런히 일하는 것은 다시 없는 보배가 될 것이요, 몸을 삼가는 것은 곧 몸을 보호하는 부적이니라."고 하셨다. 다시 말해서 부지런히 노력함으로써 성공이 있는 것이며, 말과 행동을 삼가는 것이 자기 몸을 보호하는 것이라는 뜻이다.

경행록　　왈　보생자　　과욕
景行錄에 曰 保生者는 寡慾하고
보신자　　피명　　무욕　　이
保身者는 避名이니 無慾은 易나
무명　　난
無名은 難이니라

【訓音讀】

保 보호할 보	寡 적을 과	慾 욕심 욕
避 피할 피	易 쉬울 이	難 어려울 난

【解說】

「경행록」에 말하기를, "삶을 보전하려는 자는 욕심을 적게 하고 몸을 보전하려는 자는 이름을 피한다. 욕심을 없게 하기는 쉬우나 이름을 없게 하기는 어려우니라."고 하였다.

다시 말해서 이 세상을 살아가는 데 욕심을 적게 하는 것을 역설했으며, 이름이 지나치게 알려지게 되면 질투하는 사람이 생기게 되므로 몸이 위태로운 지경에 놓이게 되어 패망을 초래하기 쉽다는 뜻이다.

자왈 군자유삼계 소지시
子曰 君子有三戒하니 小之時엔
혈기미정 계지재색 급기
血氣未定이라 戒之在色하고 及其
장야 혈기방강 계지재투
壯也하얀 血氣方剛이라 戒之在鬪
급기노야 혈기기쇠 계
하고 及其老也하면 血氣既衰라 戒
지재득
之在得이니라

【訓音讀】

戒 경계할 계　　血 피 혈　　剛 굳셀 강

鬪 싸울 투　　衰 쇠잔할 쇠

【解說】

공자가 말씀하기를, "군자는 세 가지 경계할 것이 있으니 연소할 때는 혈기가 아직도 정하여지지 않았는지라 경계할 것이 여색에 있고, 몸이 장성함에 이르면 혈기가 바야흐로 강한지라 경계할 것이 투쟁하는 데 있으며, 몸이 늙음에 이르면 혈기가 이미 쇠퇴한지라 경계할 것이 욕심내어 얻으려는 데 있느니라."고 하셨다.

다시 말해서 사람은 소년기에는 여자를 경계해야 하며, 장년기에는 싸움을 조심하여야 하며, 늙어서는 욕심을 내

어 재산을 얻으려는 것을 경계해야 하는 삼계(三戒)가 있다. 이것을 잘 지켜서 재앙을 미리 막아야 한다는 뜻이다.

孫眞人養生銘(손진인양생명)에 云(운)하였으되 怒甚偏傷氣(노심편상기)요 思多太損神(사다태손신)이라 神疲心易役(신피심이역)이요 氣弱病相因(기약병상인)이라 勿使悲歡極(물사비환극)하고 當令飮食均(당영음식균)하며 再三防夜醉(재삼방야취)하고 第一戒晨嗔(제일계신진)하라

【訓音讀】

養 기를 양　　銘 새길 명　　因 인할 인
歡 기뻐할 환　　醉 술취할 취　　晨 새벽 신
嗔 성낼 진

【解說】

손진인「양생명」에 이르기를, "성내기를 심히 하면 기운을 상하고, 생각이 많으면 크게 정신을 상한다. 정신이 피로하면 마음이 괴로워지기 쉽고, 기운이 약하면 병이 따라서 일어난다. 슬퍼하고 기뻐하는 것을 심하게 하

지 말 것이며 음식은 마땅히 고르게 먹고, 밤에 술 취하지 말고, 첫째로 새벽녘에 성내는 것을 경계하라."고 하였다.

【註】

- 손진인(孫眞人) : 도가(道家)에 속하는 사람으로 이름은 알려져 있지 않음.
- 양생명(養生銘) : 몸과 마음을 건강하게 해서 장수를 꾀하는 계명.

景行錄(경행록)에 **曰**(왈) **食淡精神爽**(식담정신상)이요 **心**(심) **淸夢寐安**(청몽매안)이니라

【訓音讀】

淡 묽을 담　　爽 상쾌할 상　　寐 잘 매

【解說】

「경행록」에 말하기를, "음식이 깨끗하면 마음이 상쾌하고 마음이 맑으면 잠을 편히 잘 수 있느니라."고 하였다. 다시 말해서 언제나 먹는 음식이 담백하고 깨끗하면 정신이 맑아지고 마음이 맑으면 잠자는 것을 편안하게 해서 삶에 도움이 된다는 것이다.

정심응물 수불독서 가이
定心應物하면 **雖不讀書**라도 **可以**
위유덕군자
爲有德君子이니라

【訓音讀】

定 정할 정　　應 응할 응　　雖 비록 수

【解說】

마음을 차분하게 가지고 모든 일에 대한다면 비록 글을 읽지 않았다 하더라도 덕이 있는 군자가 될 수 있다. 다시 말해서 마음이 안정되어야만 사리를 옳게 판단하게 되고 사물에 대응하는 것이 군자가 될 수 있다는 뜻이다.

근사록 운 징분 여고인
近思錄에 **云 懲忿**을 **如故人**하고
질욕 여방수
窒慾을 **如防水**하라

【訓音讀】

懲 징계할 징　　忿 분할 분　　窒 막을 질

【解說】

「근사록」에 이르기를, “분노를 징계하기를 옛 성인같이 하고, 욕심을 막기를 물을 막듯이 하라.”고 하였다. 즉, 부귀를 위해서 정도를 벗어나면서까지 달성하려는 그릇된 욕심을 버려야 한다는 뜻이다.

【註】

- 근사록(近思錄) : 송(宋)나라 때 주자와 그의 제자 여조겸(呂祖謙)이 함께 엮은 책으로 622 조목의 금언(金言)을 추렸다.

이견지 운 피색 여피수 피
夷堅志에 云 避色을 如避讐하고 避
풍 여피전 막끽공심다 소
風을 如避箭하며 莫喫空心茶하고 少
식중야반
食中夜飯하라

【訓音讀】

避 피할 피 讐 원수 수 箭 화살 전
喫 마실 끽 飯 밥 반

【解說】

「이견지」에 말하기를, “여색을 피하기를 원수 피하는 것과 같이 하고, 바람을 피하기를 날아오는 화살 피하는 것 같이 하며, 빈 속에 차를 마시지 말고, 밤중에 밥을 많이 먹지 말라."고 하였다.

【註】

- 이견지(夷堅志) : 송(宋)나라 때 홍매(洪邁)가 엮은 설화집(說話集). 이상한 사진이나 괴담을 모은 책으로 421권으로 되어 있다.

순자왈 무용지변 불급지찰
荀子曰 無用之辯과 不急之察을
기이물치
棄而勿治하라

【訓音讀】

用 쓸 용　　辯 말 잘할 변　　察 살필 찰
棄 버릴 기　　治 다스릴 치

【解說】

순자가 말씀하기를, "쓸데없는 말과 급하지 아니한 일은 그만두고 다스리지 말라."고 하셨다. 다시 말해서 쓸데없는 말은 상대방의 오해를 살 수 있으며 과실을 범할 수 있고, 급하지 않은 일을 서두르는 것도 또 같은 결과를 초래

하니 이런 것을 피하는 것이 내 몸에 행운이 돌아온다는 뜻이다.

【註】

● 순자(荀子) : 전국 시대 조(趙)나라 사람으로 이름은 황(況). 「荀子」라는 저서가 있음.

子曰 衆이 好之라도 必察焉하며 衆이 惡之라도 必察焉이니라
(자왈 중 호지 필찰언 중 오지 필찰언)

【訓音讀】

衆 무리 중　　好 좋아할 호　　必 반드시 필

【解說】

공자가 말씀하기를, "모든 사람이 좋아하더라도 반드시 살펴야 하며 모든 사람이 미워하더라도 반드시 살펴야 하느니라."고 하셨다. 다시 말해서 무슨 일이든 자신이 자신을 살피고 판단함으로써 현명하게 살 수 있다는 것을 말한다.

주중불어 진군자 재상분명
酒中不語는 **眞君子**요 **財上分明**은
대장부
大丈夫이니라

【訓音讀】

眞 참 진　　財 재물 재　　丈 어른 장

【解說】

술 취한 가운데에도 말이 없음은 참다운 군자요, 재물에 대하여 분명함은 대장부이니라. 즉 술을 과음하게 되면 말이 많게 마련이며, 그래서 큰 과오를 범하기 쉽고, 재물의 거래가 분명치 않은 사람은 신용을 잃게 된다는 뜻이다.

만사종관 기복자후
萬事從寬이면 **其福自厚**이니라

【訓音讀】

從 종사할 종　　寬 너그러울 관　　厚 두터울 후

【解說】

모든 일에 관용을 베풀면 그 복이 스스로 두터워지느니라. 다시 말해서 남을 너그럽게 용서할 수 있는 아량이 있으면 복을 두텁게 하는 계기가 된다는 뜻이다.

태공 왈 욕량타인 선수자
太公이 **曰 欲量他人**인대 **先須自**

량 상인지어 환시자상
量하라 **傷人之語**는 **還是自傷**이니

함혈분인 선오기구
含血噴人이면 **先汚其口**이니라

【訓音讀】

量 헤아릴 량　　須 모름지기 수　　傷 상할 상

還 돌아올 환　　噴 뿜을 분　　汚 더러울 오

【解說】

태공이 말하기를, "다른 사람을 먼저 알려고 하거든 먼저 스스로를 알아야 한다. 남을 해치는 말은 도리어 스스로를 해치는 것이니 피를 머금어 남에게 뿜으면 먼저 자기의 입이 더러워지느니라."고 하셨다. 즉 타인을 헐뜯고 중상해서는 안 된다는 뜻이다.

범희 무익 유근 유공
凡戲는 **無益**이요 **惟勤**이 **有功**이니라

【訓音讀】

戲 놀이 희　　惟 오직 유　　功 공 공

【解說】

모든 놀이는 이익됨이 없고 오직 부지런한 것만이 공이 있느니라. 즉, 쓸데없는 데 시간을 낭비하지 말고 부지런한 노력만이 성공이 있다는 뜻이다.

태공 왈 과전 불납리 이
太公이 **曰** **瓜田**에 **不納履**하고 **李**
하 부정관
下에 **不正冠**이니라

【訓音讀】

瓜 오이 과　　納 드릴 납　　履 신을 리

冠 갓 관

【解說】

태공이 말하기를, "남의 외밭을 지날 때는 신을 고쳐 신

지 말고 남의 오얏나무 아래에서는 갓을 고쳐 쓰지 말라."고 하셨다. 즉 남에게 의심받을 일은 처음부터 하지 말라는 뜻이다.

경 행 록　　왈　심 가 일　　　형 불
景行錄에 曰 心可逸이언정 形不
가 불 로　도 가 락　　심 불 가 불
可不勞요 道可樂이언정 心不可不
우　형 불 로 즉 태 타 이 폐　　심
憂니 形不勞則怠惰易弊하고 心
불 우 즉 황 음 부 정　　고　일 생 어
不憂則荒淫不定이라 故로 逸生於
로 이 상 휴　　낙 생 어 우 이 무 염
勞而常休하고 樂生於憂而無厭하
일 락 자　우 로　기 가 망 호
나니 逸樂者는 憂勞를 豈可忘乎아

【訓音讀】

逸 편안할 일　　怠 태만할 태　　惰 게으를 타
弊 해질 폐　　淫 음란할 음　　厭 싫을 염
忘 잊을 망

【解說】

「경행록」에 말하기를, "마음은 편할지언정 육신은 수고롭지 않을 수 없고, 도는 즐거울지언정 마음은 걱정하지 않을 수 없다. 육신은 수고롭게 하지 않으면 게을러서 허물어지기 쉽고, 마음에 조심하지 않으면 주색에 빠져서 행동이 일정하지 않다. 그러므로 편안함은 수고로움에서 생기어 항상 기쁠 수 있고, 즐거움은 근심하는 데서 생기어 싫음이 없으니 편안하고 즐거운 자가 근심과 수고로움을 어찌 잊을 수 있겠는가."고 하였다. 즉 노동과 작업을 한 뒤에야 비로소 편안함을 얻게 되는 것이며, 몸가짐을 근신해서 끊임없는 노력을 한 끝에야 즐거움을 얻을 수 있다는 뜻이다.

耳不聞人之非(이불문인지비)하고 目不視人之短(목불시인지단)하고 口不言人之過(구불언인지과)라야 庶幾君子(서기군자)이니라

【訓音讀】

視 볼 시　　短 짧을 단　　庶 여러 서

【解說】

귀로 남의 그릇됨을 듣지 말고, 눈으로 남의 모자람을 보지 말고, 입으로 남의 허물을 말하지 말아야 이것이 참다운 군자이니라. 즉 남의 잘못을 애써 듣지 말고 결점을 보지 말며, 허물을 말하지 않는다는 것은 참다운 사람이 된다는 뜻이다.

채백개왈 희로 재심 언출
蔡伯喈曰 喜怒는 **在心**하고 **言出**
어구 불가불신
於口하나니 **不可不愼**이니라

【訓音讀】

喜 기쁠 희　　怒 노할 노　　在 있을 재
愼 삼갈 신

【解說】

채백개가 말하기를, "기뻐하고 노여워하는 것은 마음속에 있고, 말은 입밖으로 나가는 것이니 삼가지 아니할 수 없느니라."고 하셨다. 즉, 사람은 언제나 말을 적게 하고 조심하는 데 힘써서 재앙이 몸에 이르지 않도록 해야 한다는 뜻이다.

【註】

● 채백개(蔡伯喈) : 이름은 옹(邕), 자는 백개(伯喈). 후한

(後漢) 영제(靈帝) 때 학자.

재여주침 자왈 후목 불
宰予晝寢이어늘 子曰 朽木은 不
가조야 분토지장 불가오야
可雕也요 糞土之墻은 不可圬也

니라

【訓音讀】

朽 썩을 후　　雕 새길 조　　糞 더러울 분

墻 담 장　　圬 흙손질 오

【解說】

재여가 낮잠을 자거늘 공자가 말씀하기를, "썩은 나무는 다듬지를 못할 것이고, 썩은 흙으로 만든 담은 흙손질을 못할 것이니라."고 하셨다.

즉, 공자가 낮잠을 자는 재여를 책망한 것으로 사람은 무슨 일을 하든 정신 자세가 확립되지 않고서는 성공을 기대할 수 없는 고로 우리는 먼저 정신 자세를 확립하는 데 힘써야 한다는 뜻이다.

【註】

- 재여(宰予) : 춘추 시대 노(魯)나라 사람. 자는 자아(子我), 재아(宰我)라고도 함. 공자의 문인(門人) 중 10철(十哲)의 한 사람이며 자공(子貢)과 함께 언변에 능했음.

자 허 원 군 성 유 심 문 왈 복 생 어
紫虛元君誠諭心文에 曰 福生於
청 검 덕 생 어 비 퇴 도 생 어
清儉하고 德生於卑退하고 道生於
안 정 명 생 어 화 창 우 생 어
安靜하고 命生於和暢하고 憂生於
다 욕 화 생 어 다 탐 과 생 어
多慾하고 禍生於多貪하고 過生於
경 만 죄 생 어 불 인 계 안 막
輕慢하고 罪生於不仁이니라 戒眼莫
간 타 비 계 구 막 담 타 단 계
看他非하고 戒口莫談他短하고 戒
심 막 자 탐 진 계 신 막 수 악 반
心莫自貪嗔하고 戒身莫隨惡伴하
무 익 지 언 막 망 설 불 간
고 無益之言을 莫妄說하고 不干
기 사 막 망 위 존 군 왕 효 부
己事를 莫妄爲하고 尊君王孝父
모 경 존 장 봉 유 덕 별 현 우
母하고 敬尊長奉有德하고 別賢愚

서 무 식　　물 순 래 이 물 거　　물
恕無識하고 物順來而勿拒하며 物
기 거 이 물 추　　신 미 우 이 물 망
旣去而勿追하고 身未遇而勿望하
사 이 과 이 물 사　　총 명　　다
며 事已過而勿思하라 聰明도 多
암 매　산 계　실 편 의　손 인
暗昧요 算計도 失便宜니라 損人
종 자 실　의 세 화 상 수　계 지
終自失이요 依勢禍相隨라 戒之
재 심　수 지 재 기　위 불 절 이
在心하고 守之在氣라 爲不節而
망 가　인 불 렴 이 실 위　권 군
亡家하고 因不廉而失位니라 勸君
자 경 어 평 생　가 탄 가 경 이 가
自警於平生하나니 可歎可驚而可
사　상 임 지 이 천 감　하 찰 지
思니라 上臨之以天鑑하고 下察之
이 지 지　명 유 삼 법 상 계　암
以地祇라 明有三法相繼하고 暗
유 귀 신 상 수　유 정 가 수　심 불
有鬼神相隨라 惟正可守요 心不
가 기　계 지 계 지
可欺니 戒之戒之하라

【訓音讀】

諭 깨우칠 유	暢 화창할 창	慢 거만할 만
隨 따를 수	愚 어리석을 우	拒 막을 거
聰 귀밝을 총	昧 어두울 매	廉 청렴할, 살필 렴
鑑 거울 감	祗 공경할 지	

【解說】

자허원군의 「성유심문」에 말하기를, "복은 검소하고 맑은 데서 생기고, 덕은 겸손하고 사양하는 데서 생기고, 도는 편안하고 고요한 데서 생기고, 생명은 순하고 사모하는 곳에서 생긴다. 근심은 욕심이 많은 데서 생기고, 재앙은 탐욕이 많은 데서 생기며, 과실은 경솔하고 교만한 데서 생기고 죄악은 어질지 못한 데서 생긴다. 눈을 경계하여 다른 사람의 그릇된 것을 보지 말고, 입을 경계하여 다른 사람의 결점을 말하지 말고, 마음을 경계하여 탐내고 성내지 말며, 몸을 경계하여 나쁜 벗을 따르지 마라. 유익하지 않은 말은 함부로 하지 말고 내게 관계 없는 일은 함부로 하지 마라. 임금을 높이어 공경하고 부모에게 효도하며 웃어른을 삼가 존경하고, 덕이 있는 이를 받들며 어질고 어리석은 것을 분별하고 무식한 자를 꾸짖지 말고 용서하라. 물건이 순리로 오거든 물리치지 말고, 이미 지나갔거든 좇지 말며 몸이 불우(不愚)에 처했더라도 바라지 말고 일이 이미 지나갔거든 생각하지 마라. 총명한 사람도 어두운 때가 많고 계획을 치밀하게 세워 놓았어도 편의를 잃을 수가 있다. 남을 손상케 하면 마침내 자기도 손실을 입을 것이요, 세력에 의존하면 재앙이 따른다. 경계하는 것은 마음에 있고 지키는 것은 기운에 있다. 절약하지 않음으로써 집을 망치고 청렴하지 않음으로써 지위를 잃는다. 그대에게 평생을 두고 스스로 경계할 것을 권고하나니 가히 놀랍게 여겨 생각할지니라. 위에는 하늘의 거울이 임하여 있고, 아래에는 땅의 신령이 살피고 있다. 밝은 곳에는 삼법(三法)이 이어 있고 어두운 곳에는 귀신이 따르고 있다. 오직 바른 것을 지키고 마음은 가히 속이지 못할 것이니 경계하고 경계하라."고 하였다.

【註】

- 자허원군(紫虛元君) : 도가(道家)에 속하나 이름과 생존 연대는 분명치 않다.

6. 安分篇(안분편)

경행록　　운 지족가락　　무탐
景行錄에 云 知足可樂이요 務貪
즉우
則憂니라

【訓音讀】

知 알 지　　樂 즐거울 락　　務 힘쓸 무
貪 탐할 탐　　憂 근심 우

【解說】

「경행록」에 이르기를, "만족함을 알면 가히 즐거울 것이요, 욕심이 많으면 곧 근심이 있느니라."고 하였다. 즉 만족을 느끼게 되면 마음이 즐겁지만, 만족할 줄 모르고 탐욕하는 마음만 먹으면 근심이 떠나지 않는다는 뜻이다.

지족자　빈천역락　　부지족
知足者는 貧賤亦樂이요 不知足
자　부귀역우
者는 富貴亦憂니라

【訓音讀】

貧 가난할 빈　　賤 천할 천　　貴 귀할 귀

憂 근심 우

【解說】

만족함을 아는 사람은 가난하고 천하여도 역시 즐거울 것이요, 만족함을 모르는 사람은 부하고 귀하여도 역시 근심하느니라. 즉 만족할 줄 모르는 자는 몸이 부귀를 누려도 끝없는 욕심 때문에 늘 근심으로 생활을 보낸다는 뜻이다.

濫想(남상)은 **徒傷神**(도상신)이요 **妄動**(망동)은 **反致禍**(반치화)니라

【訓音讀】

濫 넘칠 람   徒 헛될 도   反 돌이킬 반

致 이를 치

【解說】

쓸데없는 생각은 정신을 혼란하게 할 뿐이요, 허망한 행동은 도리어 재앙을 초래하느니라. 즉 헛된 생각과 망령된 행동을 경계하라는 뜻이다.

지족상족　　종신불욕　　지지
知足常足이면 **終身不辱**하고 **知止**
상지　　종신무치
常止면 **終身無恥**니라

【訓音讀】

常 항상 상　　辱 욕 욕　　止 그칠 지
恥 부끄러울 치

【解說】

넉넉함을 알아 늘 만족하면 한평생 욕되지 아니하고, 그칠 줄을 알아 그치면 평생토록 부끄러움이 없느니라. 즉, 만족할 줄 아는 자가 죽을 때까지도 몸에 욕이 돌아오지 않고 편안히 지낼 수 있다는 뜻이다.

서　왈　만초손　　겸수익
書에 **曰 滿招損**하고 **謙受益**이니라

【訓音讀】

滿 가득할 만　　招 부를 초　　謙 겸손할 겸
受 받을 수　　益 더할 익

【解說】

「서경」에 말하기를, "가득 차면 손실을 당하고 겸손하면 이익을 얻느니라."고 하였다. 즉 달도 차면 기운다는 말이 있듯이 극도로 성하면 반드시 쇠하는 법이다. 따라서 천세가 극도에 이르는 것을 피하고 겸손한 생활을 해야 한다는 뜻이다.

【註】

- 서경(書經) : 시경(詩經), 주역(周易)과 함께 삼경(三經)의 하나. 중국 요순(堯舜)으로부터 주(周)나라 때까지의 정사에 관한 문서를 공자가 수집하여 편찬한 책.
  송(宋)나라 때 채심(蔡沈)이 주해(註解)한 것은 서전(書傳)이라고 한다.

안분음　왈　안분신무욕　　지
安分吟에 **曰** **安分身無辱**이요 **知**
기심자한　　수거인세상　　각
機心自閑이니 **雖居人世上**이나 **却**
시출인간
是出人間이니라

【訓音讀】

閑 한가할 한　　居 있을 거　　却 물리칠 각

【解說】

「안분음」에 말하기를, "편안한 마음으로 분수를 지키면 몸에 욕됨이 없을 것이요, 세상의 돌아가는 형편을 잘 알면 마음에 스스로 한가하나니 비록 인간 세상에 살더라도 도리어 인간 세상에서 벗어나는 것이니라."고 하였다. 즉 자기 분수에 편안하면 욕됨이 없으며, 세상일의 돌아가는 기틀을 알게 되면 마음이 한가로워진다. 이렇게 되면 비록 인간 세상에 살더라도 인간 세상을 벗어나서 사는 것이나 마찬가지라는 뜻이다.

【註】

● 안분음(安分吟) : 송(宋)나라 때 나온 시(詩).

7. 存心篇(존심편)

경행록 운 좌밀실 여통구
景行錄에 云 坐密室을 如通衢하고
어촌심 여육마가 면과
馭寸心을 如六馬可하면 免過니라

【訓音讀】

密 비밀할 밀　　衢 네거리 구　　馭 말부릴 어
過 허물 과

【解說】

「경행록」에 이르기를, "비밀한 방에 앉았어도 마치 네거리에 앉은 것처럼 하고, 작은 마음을 제어하기를 마치 여섯 필의 말을 부리듯 하면 가히 허물을 면할 수 있느니라."고 하였다.

격양시 운 부귀 여장지력구
擊壤詩에 云 富貴를 如將智力求
중니 연소합봉후 세인
라면 仲尼도 年少合封侯라 世人은
불해청천의 공사신심반야수
不解青天意하고 空使身心半夜愁
이니라

【訓音讀】

封 봉할 봉　　侯 제후 후　　解 풀 해

愁 근심 수

【解說】

「격양시」에 이르기를, "부귀를 지혜와 힘으로 구할 수 있다면 중니도 젊은 나이에 마땅히 제후에 봉해졌을 것이다. 세상 사람들은 푸른 하늘의 뜻을 알지 못하고 헛되이 몸과 마음으로 하여금 한밤중에 근심하게 하느니라."고 하였다. 즉, 부귀는 지혜나 힘으로 구할 수 없는 하늘의 뜻이라는 것을 모르고 세상 사람들은 한밤중에 몸과 마음이 피로하도록 부질없이 애를 태우고 있다는 뜻이다.

【註】

- 중니(仲尼) : 공자(孔子)의 자.
- 격양시(擊壤詩) : 송(宋)나라 때 소옹(邵雍)이 지은 「격양집(擊壤集)」에 실려 있는 시(詩)를 말함.

범 충 선 공　계 자 제 왈　인 수 지 우
范忠宣公이 戒子弟曰 人雖至愚
책 인 즉 명　수 유 총 명　서
나 責人則明하고 雖有聰明이나 恕
기 즉 혼　이 조　단 당 이 책 인 지
己則昏이니 爾曹는 但當以責人之
심　책 기　서 기 지 심　서
心으로 責己하고 恕己之心으로 恕
인 즉 불 환 부 도 성 현 지 위 야
人則不患不到聖賢地位也이니라

【訓音讀】

范 성 범　　愚 어리석을 우　　昏 어두울 혼
恕 용서할 서　　患 근심 환

【解說】

범충선공이 자제를 경계하여 말하기를, "자신은 비록 어리석을지라도 남을 책하는 데는 밝고, 비록 재주가 있다 해도 자기를 용서하는 데는 어둡다. 너희들은 마땅히 남을 책하는 마음으로써 자기를 책하고, 자기를 용서하는 마음으로써 남을 용서한다면 성현의 경지에 이르지 못할 것을 근심할 것이 없느니라."고 하셨다.

【註】

• 범충선공(范忠宣公) : 북송(北宋)의 철종(哲宗) 때 재상

(宰相). 이름은 순인(純仁), 시호는 충선(忠宣).

사람됨이 지극히 효성스러웠음. 범중엄(范仲淹)의 둘째 아들.

자왈 총명사예 수지이우
子曰 聰明思睿라도 守之以愚하고

공피천하 수지이양 용력
功被天下라도 守之以讓하고 勇力

진세 수지이겁 부유사해
振世라도 守之以怯하고 富有四海

수지이겸
라도 守之以謙이니라

【訓音讀】

睿 슬기로울 예　振 떨칠 진　怯 겁낼 겁

謙 겸손할 겸

【解說】

공자가 말씀하기를, "총명하고 생각이 뛰어나도 어리석은 체하여야 하고, 공이 천하를 덮을 만하더라도 겸양하여야 하고, 용맹이 세상에 떨칠지라도 늘 조심하여야 하고, 부유한 것이 사해를 차지했다 하더라도 겸손하여야 하느니라."고 하셨다. 즉, 남보다 우수한 사람의 몸가짐 방법을 말한 것이다.

소 서 운 박 시 후 망 자 불 보
素書에 **云 薄施厚望者**는 **不報**하고
귀 이 망 천 자 불 구
貴而忘賤者는 **不久**니라

【訓音讀】

薄 박할 박	施 베풀 시	厚 두터울 후
忘 잊을 망	賤 천할 천	久 오랠 구

【解說】

「소서」에 이르기를, "박하게 베풀고 후한 것을 바라는 자에게는 보답이 없고, 몸이 귀하게 되고 나서 천했던 때를 잊는 자는 오래 계속하지 못하느니라."고 하였다.

【註】

- 소서(素書) : 진(秦)나라 말기의 병가(兵家)인 황석공(黃石公)이 장량(張良)에게 전해 준 병서(兵書).

시 은 물 구 보 여 인 물 추 회
施恩勿求報하고 **與人勿追悔**하라

【訓音讀】

恩 은혜 은	報 보답할 보	與 더불 여

追 좇을 추　　　悔 뉘우칠 회

【解說】

은혜를 베풀거든 그 보답을 구하지 말고, 남에게 주었거든 후에 뉘우치지 말지니라.

손사막　　왈　담욕대이심욕소
孫思邈이 **曰 膽欲大而心欲小**
　지욕원이행욕방
하고 **知欲圓而行欲方**이니라

【訓音讀】

膽 쓸개 담　　　欲 하고자 할 욕　圓 둥글 원

【解說】

손사막이 말하기를, "담력은 크게 가지도록 하되 마음가짐은 섬세해야 하고, 지혜는 원만하도록 하되 행동은 방정하도록 해야 하느니라."고 하셨다.

【註】

- 손사막(孫思邈) : 당(唐)나라 때 명의(名醫).

염 념 요 여 임 전 일 　 심 심 상 사
念念要如臨戰日하고 **心心常似**
과 교 시
過橋時니라

【訓音讀】

念 생각 념　　要 구할 요　　似 같을 사
橋 다리 교

【解說】

생각하는 것은 항상 싸움터에 임했을 때와 같이 하고 마음은 언제나 다리를 건너는 때와 같이 조심해야 하느니라. 이 글은 사람들에게 생각은 신중을 기하고 마음가짐은 극히 조심할 것을 강조한 것이다.

구 법 조 조 락 　 기 공 일 일 우
懼法朝朝樂이요 **欺公日日憂**니라

【訓音讀】

懼 두려워할 구　　欺 속일 기　　憂 근심 우

【解說】

법을 두려워하면 언제나 즐거울 것이요, 옳은 일을 속이면 날마다 근심이 되느니라.

주문공 왈 수구여병 방의 여성 **朱文公**이 **曰 守口如甁**하고 **防意如城**하라

【訓音讀】

守 지킬 수　　甁 병 병　　防 막을 방

城 재 성

【解說】

주문공이 말하기를, "입을 지키는 것은 병마개와 같이 하고 뜻을 막기는 성을 지키는 것같이 하라."고 하셨다.

【註】

- 주문공(朱文公) : 남송(南宋)의 대유(大儒)인 주자(朱子)를 말한다. 이름은 희(熹), 자는 원회(元晦) 또는 중회(仲晦), 호는 회암(晦庵). 성리학(性理學)을 대성(大成)시켰다.

심 불 부 인 면 무 참 색
心不負人이면 **面無慙色**이니라

【訓音讀】

負 짐질 부 面 얼굴 면 慙 부끄러워할 참

【解說】

마음이 남을 저버리지 않았으면 얼굴에 부끄러운 빛이 없느니라. 즉 양심에 가책을 받을 만한 일을 하지 않았으면 부끄러운 표정이 나타날 까닭이 없다는 뜻이다.

인 무 백 세 인 왕 작 천 년 계
人無百歲人이나 **枉作千年計**니라

【訓音讀】

枉 억울할 왕 作 지을 작 計 꾀할 계

【解說】

사람은 백 살 사는 사람이 없건만 부질없이 천 년의 계획을 세우느니라. 즉 과욕을 부리며 망령된 행동을 하는 것을 경계하는 뜻이다.

구래공육회명 운 관행사곡실
寇萊公六悔銘에 云 官行私曲失
시회 부불검용빈시회 예불
時悔요 富不儉用貧時悔요 藝不
소학과시회 견사불학용시회
少學過時悔요 見事不學用時悔요
취후광언성시회 안부장식병
醉後狂言醒時悔요 安不將息病
시회
時悔니라

【訓音讀】

曲 굽을 곡　　悔 뉘우칠 회　　貧 가난할 빈
醉 술 취할 취　　醒 술 깰 성

【解說】

구래공의 「육회명」에 이르기를, "벼슬아치가 사사로운 일을 행하면 벼슬을 잃을 때 뉘우치게 되고, 돈이 많을 때 아껴 쓰지 않으면 가난해졌을 때 뉘우치게 되고, 재주를 믿고 어렸을 때 배우지 않으면 시기가 지났을 때 뉘우치게 되고, 사물을 보고 배우지 않으면 필요하게 되었을 때 뉘우치게 되고, 취한 뒤에 함부로 말하면 술이 깨었을 때 뉘우치게 되고, 몸이 건강했을 때 조심하지 않으면 병이 들었을 때 뉘우칠 것이니라."고 하였다. 즉 관직에 있는 사람은 청렴결백하여야 하며, 부유했을 때 절약을 해야 하며, 기술은 젊었을 때 배워야 하며, 술에 취했을 때 말조심하는 습관을 길러서 폐단이 없도록 해야 하며, 건강할 때 몸을 조심해서 병나는 일이 없도록 노력해야 한다는 뜻이다.

【註】

- 구래공(寇萊公) : 자는 평중(平仲), 이름은 준(準). 송(宋) 시대의 어진 정치가로 요(遼)나라가 침입했을 때 단주(檀州)에서 맹약(盟約)을 체결해서 시국을 수습한 공으로 내국공(萊國公)에 봉해졌기 때문에 구래공(寇萊公)으로 호칭되었다.

益智書(익지서)에 云(운) 寧無事而家貧(영무사이가빈)이언정 莫有事而家富(막유사이가부)요 寧無事而住茅屋(영무사이주모옥)이언정 不有事而住金屋(불유사이주금옥)이요 寧無病而食麤飯(영무병이식추반)이언정 不有病而服良藥(불유병이복양약)이니라

【訓音讀】

寧 편안할 녕　　富 넉넉할 부　　住 살 주

茅 띠 모　　麤 거칠 추　　飯 밥 반

【解說】

「익지서」에 이르기를, "차라리 아무 사고 없이 집이 가난할지언정 사고 있으면서 집이 부자 되지 말 것이요, 차라리 아무 사고 없이 나쁜 집에서 살지언정 사고 있으면서 좋은 집에서 살지 말 것이요, 차라리 병이 없이 거친 밥을 먹을지언정 병이 있어 좋은 약을 먹지 말 것이니라."고 하였다. 다시 말해서 사람들은 아무 사고 없이 한가로이 단란하게 살며 몸에 병이 없는 생활을 희망하는 데 힘써야 한다는 뜻이다.

심 안 모 옥 온　　성 정 채 갱 향
心安茅屋穩이요 **性定菜羹香**이니라

【訓音讀】

穩 편안할 온　　菜 나물 채　　羹 국 갱

【解說】

마음이 편안하면 초가집에 살아도 평화롭고 성품이 안정되면 나물국도 향기로우니라.

경행록 운 책인자 부전교
景行錄에 云 責人者는 不全交요
자서자 불개과
自恕者는 不改過니라

【訓音讀】

責 꾸짖을 책　　全 온전할 전　　交 사귈 교
恕 용서할 서

【解說】

「경행록」에 이르기를, "남을 꾸짖는 자는 사귐을 온전히 할 수 없고, 자기를 용서하는 자는 허물을 고치지 못하느니라."고 하였다.

숙흥야매 소사충효자 인
夙興夜寐하여 所思忠孝者는 人
부지 천필지지 포식난의
不知나 天必知之요 飽食煖衣하여
이연자위자 신수안 기여
怡然自衛者는 身雖安이나 其如
자손 하
子孫에 何오

【訓音讀】

夙 일찍 숙　　飽 배부를 포　　煖 따뜻할 난
怡 기쁠 이　　衛 호위할 위

【解說】

아침 일찍 일어나서부터 잠들 때까지 늘 충성과 효도를 생각하는 자는 사람은 알지 못하나 하늘이 반드시 알 것이요, 배 부르게 먹고 따뜻하게 입고서 안락하게 제 몸만 보호하는 자는 몸은 비록 편안하나 그 자손에게는 어찌할 것이오.

이 애 처 자 지 심　　사 친 즉 곡 진
以愛妻子之心으로 **事親則曲盡**
기 효　이 보 부 귀 지 심　　봉 군
其孝요 **以保富貴之心**으로 **奉君**
즉 무 왕 불 충　　이 책 인 지 심
則無往不忠이요 **以責人之心**으로
책 기 즉 과 과　　이 서 기 지 심
責己則寡過요 **以恕己之心**으로
서 인 즉 전 교
恕人則全交니라

【訓音讀】

盡 다할 진　　奉 받들 봉　　往 갈 왕

寡 적을 과　　　過 허물 과

【解說】

아내와 자식을 사랑하는 마음으로써 어버이를 섬긴다면 그 효도를 극진히 할 수 있을 것이요, 부귀를 보전하려는 마음으로써 임금을 받든다면 그 어느 때나 충성이 아니됨이 없을 것이요, 남을 책망하는 마음으로써 자기를 책망한다면 허물이 적을 것이요, 자기를 용서하는 마음으로써 남을 용서한다면 사귐을 온전히 할 수 있을 것이니라.

이 모 부 장　　회 지 하 급　　이
爾謀不臧이면 **悔之何及**이며 **爾**
견 부 장　　교 지 하 익　　이 심
見不長이면 **教之何益**이리요 **利心**
전 즉 배 도　　사 의 확 즉 멸 공
專則背道요 **私意確則滅公**이니라

【訓音讀】

爾 너 이　　　謀 꾀할 모　　　背 등 배

滅 멸망할 멸

【解說】

네 꾀가 옳지 못하면 후회한들 어찌 미치며, 너의 소견이 훌륭하지 못하면 가르친들 무엇이 이로울 바 있으리요,

자기 이익만 생각하면 도에 어그러지고 사사로운 뜻이 굳으면 공을 멸하게 되느니라.

생사사생　　성사사성
生事事生이요 **省事事省**이니라

【訓音讀】

生 날생　　事 일사　　省 덜생

【解說】

일을 만들면 일이 생기고, 일을 덜면 일이 줄어드느니라.

8. 戒性篇(계성편)

경행록　운 인성　여수　수
景行錄에 云 人性이 如水하여 水
일경즉불가복　성일종즉불
一傾則不可復이요 性一縱則不
가반　제수자　필이제방
可反이니 制水者는 必以堤防하고
제성자　필이예법
制性者는 必以禮法이니라

【訓音讀】

傾 기울어질 경　復 회복할 복　堤 방죽 제
制 억제할 제

【解說】

「경행록」에 이르기를, "사람의 성품은 물과 같아서 물이 한번 기울어지면 가히 돌이켜질 수 없고, 성품이 한번 방종하게 되면 바로잡을 수 없을 것이니 물을 잡으려면 반드시 둑을 쌓음으로써 되고 성품을 옳게 하려면 반드시 예법을 지킴으로써 되느니라."고 하였다.

인일시지분　면백일지우
忍一時之忿이면 免百日之憂이니라

【訓音讀】

忿 분할 분　　　免 면할 면　　　憂 근심 우

【解說】

한때의 분함을 참으면 백 날의 근심을 면할 수 있느니라.

득인차인　　득계차계　　불인
得忍且忍이요 **得戒且戒**하라 **不忍**
불계　소사성대
不戒면 **小事成大**니라

【訓音讀】

得 얻을 득　　　忍 참을 인　　　且 또 차

戒 경계할 계

【解說】

참고 또 참으며 경계하고 또 경계하라. 참지 못하고 경계하지 않으면 작은 일이 크게 되느니라.

우탁생진노　개인리불통　휴
愚濁生嗔怒는 皆因理不通이라 休
첨심상화　지작이변풍　장
添心上火하고 只作耳邊風하라 長
단　가가유　염량　처처동
短은 家家有요 炎涼은 處處同이라
시비무상실　구경총성공
是非無相實하여 究竟摠成空이니라

【訓音讀】

愚 어리석을 우　嗔 성낼 진　添 더할 첨
炎 불꽃 염, 더울 염　凉 서늘할 량　究 끝 구

【解說】

어리석고 현명하지 못한 자가 성을 내는 것은 모든 이치를 알지 못하기 때문이다. 마음 위에 화를 더하지 말고 다만 귓전을 스치는 바람결로 여겨라. 장점과 단점은 집집마다 있고, 덥고 서늘한 것은 곳곳이 같으니라. 옳고 그름만이란 본래 실상이 없어서 마침내는 모두가 다 빈 것이 되느니라.

자장 욕행 사어부자 원
子張이 欲行에 辭於夫子할새 願
사일언 위수신지미 자
賜一言이 爲修身之美하노이다 子
왈 백행지본 인지위상
曰 百行之本이 忍之爲上이니라
자장 왈 하위인지 자왈
子張이 曰 何爲忍之닛고 子曰
천자인지 국무해 제후인
天子忍之면 國無害하고 諸侯忍
지 성기대 관리인지 진
之면 成其大하고 官吏忍之면 進
기위 형제인지 가부귀
其位하고 兄弟忍之면 家富貴하고
부처인지 종기세 붕우인
夫妻忍之면 終其世하고 朋友忍
지 명불폐 자신인지 무
之면 名不廢하고 自身忍之면 無
화해
禍害니라

【訓音讀】

賜 줄사　修 닦을수　忍 참을인
朋 벗붕　廢 폐할폐

【解說】

자장이 떠나고자 공자께 하직을 고하면서 말하기를, "몸을 닦는 가장 아름다운 길을 말씀해 주시기를 바랍니다." 공자가 말씀하기를, "모든 행실의 근본은 참는 것이 그 으뜸이 되느니라." 자장이 말하기를, "어찌하면 참는 것이 되나이까?" 공자가 말씀하기를, "천자가 참으면 나라에 해가 없고 제후가 참으면 큰 나라를 이룩하고, 벼슬아치가 참으면 그 지위가 올라가고, 형제가 참으면 집안이 부귀하고, 부부가 참으면 일생을 해로할 수 있고, 친구끼리 참으면 이름이 깎이지 않고, 자신이 참으면 재앙이 없느니라."고 하셨다.

【註】

- 자장(子張) : 성은 전손(顓孫), 이름은 사(師). 자장(子張)은 그의 자(字)다. 공자(孔子)의 제자임.

자 장 왈 불인즉여하 자 왈
子張이 曰 不忍則如何닛고 子曰
천 자 불 인 국 공 허 제 후 불
天子不忍이면 國空虛하고 諸侯不
인 상 기 구 관 리 불 인
忍이면 喪其軀하고 官吏不忍이면
형 법 주 형 제 불 인 각 분 거
刑法誅하고 兄弟不忍이면 各分居
부 처 불 인 영 자 고 붕
하고 夫妻不忍이면 令子孤하고 朋
우 불 인 정 의 소 자 신
友不忍이면 情意疎하고 自身이
불 인 환 부 제 자 장 왈 선
不忍이면 患不除니라 子張曰 善
재 선 재 난 인 난 인 비 인 불
哉善哉라 難忍難忍이여 非人不
인 불 인 비 인
忍이요 不忍非人이로다

【訓音讀】

虛 빌 허　　　　喪 복입을 상　　　　軀 몸체 구

誅 꾸짖을 주　　　　孤 외로울 고　　　　疎 소통할 소=疏

哉 어조사 재

【解說】

자장이 물었다. "참지 않으면 어떻게 됩니까?" 공자가 말씀하시기를, "천자가 참지 않으면 나라가 공허하게 되고, 제후가 참지 않으면 그 몸을 잃어버리고, 벼슬아치가 참지 않으면 형법에 의하여 죽게 되고, 형제가 참지 않으면 각각 헤어져서 따로 살게 되고, 부부가 참지 않으면 자식을 외롭게 하게 되고, 친구끼리 참지 않으면 정과 뜻이 서로 갈리고, 자신이 참지 않으면 근심이 덜어지지 않느니라." 자장이 말하기를, "참으로 좋고도 좋으신 말씀이로다. 아아 참는 것은 참으로 어렵도다. 사람이 아니면 참지 못할 것이요, 참지 못할 것 같으면 사람이 아니로다."고 하셨다.

景行錄(경행록)에 **云**(운) **屈己者**(굴기자)는 **能處重**(능처중)하고
好勝者(호승자)는 **必遇敵**(필우적)이니라

【訓音讀】

屈 굽힐 굴　　能 능할 능　　勝 이길 승
遇 만날 우

【解說】

「경행록」에 이르기를, "자기를 굽히는 자는 중요한 지위에 처할 수 있으며, 이기기를 좋아하는 자는 반드시 적을 만나느니라."고 하였다.

악인 매선인 선인 총부
惡人이 罵善人커든 善人은 摠不

대 부대 심청한 매자
對하라 不對는 心淸閑이요 罵者는

구열비 정여인타천 환종
口熱沸니라 正如人唾天하여 還從

기신추
己身墜니라

【訓音讀】

罵 꾸짖을 매	摠 거느릴 총	墜 떨어질 추
沸 끓을 비	唾 침 타	閑 한가로울 한

【解說】

악한 사람이 착한 사람을 꾸짖거든 착한 사람은 전혀 대꾸하지 마라. 대꾸하지 않는 사람은 마음이 맑고 한가하나, 꾸짖는 자는 입에 불이 붙는 것처럼 뜨겁고 끓느니라. 마치 사람이 하늘에다 대고 침을 뱉는 것 같아서 그것이

도로 자기 몸에 떨어지느니라.

아 약 피 인 매 양 롱 불 분 설
我若被人罵라도 佯聾不分說하라
비 여 화 소 공 불 구 자 연 멸
譬如火燒空하여 不救自然滅이라
아 심 등 허 공 총 이 번 순 설
我心은 等虛空이어늘 摠爾飜脣舌
이니라

【訓音讀】

被 이불 피 聾 귀먹을 롱 譬 비유할 비
燒 태울 소 脣 입술 순 舌 혀 설
飜 뒤집을 번

【解說】

내가 만약 남에게 욕설을 듣더라도 거짓 귀먹은 체하고 시비를 가려서 말하지 마라. 비유하건대 불이 아무것도 없는 허공에서 타다가 끄지 않아도 저절로 꺼지는 것과 같아서 내 마음은 아무것도 없는 허공과 같거늘 너의 입술과 혀만이 모두 쉬지 않고 엎쳤다가 뒤쳤다 하느니라.

범사 유인정 후래 호상 견

凡事에 留人情이면 後來에 好相見이니라

【訓音讀】

凡 무릇 범　　留 머무를 류　　情 뜻 정

好 좋아할 호

【解說】

모든 일에 인자스럽고 따뜻한 정을 남겨 두면 뒷날 만났을 때는 좋은 얼굴로 서로를 보게 되느니라.

9. 勤學篇(근학편)

자 왈 박 학 이 독 지 절 문 이 근
子曰 博學而篤志하고 切問而近
사 인 재 기 중 의
思하면 仁在其中矣니라

【訓音讀】

博 넓을 박　　篤 도타울 독　　切 끊을 절

矣 어조사 의

【解說】

공자가 말씀하시기를, "널리 배워서 뜻을 두텁게 하고 간절하게 묻고 잘 생각하면 어짐이 그 속에 있느니라."

장 자 왈 인 지 불 학 여 등 천 이
莊子曰 人之不學은 如登天而
무 술 학 이 지 원 여 피 상 운
無術하고 學而智遠이면 如披祥雲
이 도 청 천 등 고 산 이 망 사 해
而覩青天하고 登高山而望四海니라

【訓音讀】

登 오를 등　　術 기술 술　　披 해칠 피

祥 상서로울 상　　覩 볼 도=睹

【解說】

장자가 말씀하시기를, "사람이 배우지 않음은 재주 없이 하늘에 오르려는 것과 같고, 배워서 아는 것이 멀면 상서로운 구름을 헤치고 푸른 하늘을 보며 산에 올라 사해를 바라보는 것과 같으니라."고 하셨다.

예기 왈 옥불탁 불성기
禮記에 **曰 玉不琢**이면 **不成器**하고
인불학 부지의
人不學이면 **不知義**니라

【訓音讀】

琢 다듬을 탁　　器 그릇 기　　知 알 지
義 옳을 의

【解說】

「예기」에 말하기를, "옥은 다듬지 않으면 그릇이 되지 못하고, 사람은 배우지 않으면 의를 알지 못하느니라."고 하였다.

【註】

- 예기(禮記) : 5경(五經)의 하나. 대성(戴聖)이 펴낸 책. 고대 중국의 제도와 예법(禮法) 등을 수록하였다. 주례(周禮) 및 의례(儀禮)를 합쳐서 삼례(三禮)라고 한다.

태공　왈　인생불학　여명명
太公이 曰 人生不學이면 如冥冥
야행
夜行이니라

【訓音讀】

如 같을 여　　冥 어두울 명　　夜 밤 야

【解說】

태공이 말하기를, "사람이 배우지 않으면 어둡고 어두운 밤길을 가는 것과 같으니라."고 하셨다.

한문공　왈　인불통고금　마
韓文公이 曰 人不通古今이면 馬
우이금거
牛而襟裾니라

【訓音讀】

通 통할 통　　古 옛 고　　襟 옷깃 금
裾 옷자락 거

【解說】

한문공이 말하기를, "사람이 고금의 성인의 가르침을 알

지 못하면 금수에 옷을 입힌 것과 같으니라."고 하셨다.

【註】

- 한문공(韓文公) : 이름은 유(愈), 자는 퇴지(退之). 당나라의 문인. 당송팔대가(唐宋八大家)의 제일인자다. 문공(文公)은 그의 시호이다.

주문공 왈 가약빈 불가
朱文公이 曰 家若貧이라도 不可
인빈이폐학 가약부 불가
因貧而廢學이요 家若富라도 不可
시부이태학 빈약근학 가
恃富而怠學이니 貧若勤學이면 可
이입신 부약근학 명내광
以立身이요 富若勤學이면 名乃光
영 유견학자현달 불견
榮하리니 惟見學者顯達이요 不見
학자무성 학자 내신지보
學者無成이니라 學者는 乃身之寶
학자 내세지진 시고
요 學者는 乃世之珍이니라 是故로
학즉내위군자 불학즉위소인
學則乃爲君子요 不學則爲小人
후지학자 의각면지
이니 後之學者는 宜各勉之니라

【訓音讀】

若 만약 약	恃 믿을 시	怠 게으를 태
勤 부지런할 근	惟 오직 유	顯 나타날 현
達 통달할 달	珍 보배 진	宜 마땅할 의

【解說】

주문공이 말하기를, "집이 만약 가난하더라도 가난한 것으로 인해서 배우는 것을 버리지 말 것이요, 집이 만약 부유하더라도 부유한 것을 믿고 학문을 게을리해서는 안 된다. 가난한 자가 만약 부지런히 배운다면 몸을 세울 수 있을 것이요, 부유한 자가 만약 부지런히 배운다면 이름이 더욱 빛날 것이니라. 오직 배워서 지식을 넓히는 사람만이 훌륭하게 되는 것을 보았으며, 배운 사람이 뜻을 이루지 못하는 것은 보지 못했느니라. 배움이란 곧 몸의 보배요, 배운 사람이란 곧 세상의 보배이다. 그러므로 배우면 군자가 되고 배우지 않으면 천한 소인이 될 것이니, 후에 배우는 자는 마땅히 각각 힘써야 하느니라." 고 하셨다.

휘 종 황 제 왈 학 자 여 화 여 도
徽宗皇帝曰 學者는 如禾如稻
불 학 자 여 호 여 초 여 화
하고 不學者는 如蒿如草로다 如禾
여 도 혜 국 지 정 량 세 지 대 보
如稻兮여 國之精糧이요 世之大寶
여 호 여 초 혜 경 자 증 혐
로다 如蒿如草兮여 耕者憎嫌하고
서 자 번 뇌 타 일 면 장 회 지
鋤者煩惱이니라 他日面墻에 悔之
이 노
已老로다

【訓音讀】

徽 아름다울 휘　禾 벼 화　蒿 쑥 호
兮 감동을 나타내는 어조사 혜　鋤 호미 서
墻 담장 장　稻 벼 도

【解說】

휘종 황제가 말하기를, "배운 사람은 낟알 같고 벼 같고, 배우지 않은 사람은 쑥 같고 풀 같도다. 아아, 낟알 같고 벼 같음이여 나라의 좋은 양식이요 온 세상의 보배로다. 그러나, 쑥 같고 풀 같음이여 밭을 가는 자가 보기 싫어 미워하고 밭을 매는 자가 수고롭고 더욱 힘이 드느니라.

훗날 글을 모르면 매사 담장을 대하는 듯 답답함에 후회한들 이미 늦었다."고 하셨다.

【註】

- 휘종 황제(徽宗皇帝) : 북송(北宋)의 제8대 임금. 서화(書畫)에 조예가 깊었으며 고금(古今)의 서화(書畫)를 모아 선화서화보(宣化書畫譜)를 만들었음.

논어 왈 학여불급 유공실
論語에 **曰 學如不及**이요 **惟恐失**
지
之니라

【訓音讀】

及 미칠 급　　恐 두려워할 공　　失 잃을 실

【解說】

「논어」에 말하기를, "배우기를 미치지 못한 것같이 하고 배운 것을 잃을까 두려워할지니라."고 하였다.

【註】

- 논어(論語) : 4서(四書)의 하나. 공자(孔子)의 언행(言行)을 기록한 책. 전 7권 20편으로 되어 있는 유교의 경전(經典)임.

10. 訓子篇(훈자편)

경행록　운 빈객불래　문호
景行錄에 云 賓客不來면 門戶

속　시서무교　자손우
俗하고 詩書無敎면 子孫愚니라

【訓音讀】

賓 손님 빈　戶 집 호　俗 저속 속
愚 어리석을 우

【解說】

「경행록」에 이르기를, "손님이 오지 않으면 집안이 저속해지고, 시서(詩經과 書經)를 가르치지 않으면 자손이 어리석어지느니라."고 하였다.

장자왈 사수소　부작　불성
莊子曰 事雖小나 不作이면 不成

자수현　불교　불명
이요 子雖賢이나 不敎면 不明이니라

【訓音讀】

雖 비록 수　作 지을 작　成 이룰 성
賢 어질 현

【解說】

장자가 말씀하시기를, "일이 비록 작더라도 하지 않으면 이루지 못할 것이요, 자식이 비록 어질지라도 가르치지 않으면 현명하지 못하느니라."고 하셨다.

漢書(한서)에 云(운) 黃金滿籯(황금만영)이 不如教(불여교)
子一經(자일경)이요 賜者千金(사자천금)이 不如教(불여교)
子一藝(자일예)니라

【訓音讀】

滿 찰 만　　籯 상자 영　　賜 줄 사
藝 예능 예

【解說】

「한서」에 이르기를, "황금이 상자에 가득 차 있다 해도 자식에게 경서(經書) 하나를 가르치는 것만 같지 못하고, 자식에게 천금을 물려 준다 해도 기술 한 가지를 가르치는 것만 같지 못하느니라."고 하였다.

【註】

- 한서(漢書) : 전한(前漢) 고조(高祖)에서 왕망(王莽)까지

229년 동안의 역사를 기록한 책으로 반표(班彪)가 시작한 것을 반고(班固)가 이루었으며, 그의 누이동생인 반소(班昭)가 고쳐 완성했다. 모두 120권으로 되어 있다.

지락 막여독서 지요 막
至樂은 **莫如讀書**요 **至要**는 **莫**
여교자
如教子니라

【訓音讀】

至 지극할 지　　樂 즐거울 락　　要 중요로울 요

【解說】

지극히 즐거움은 책을 읽는 것만 같음이 없고, 지극히 필요한 것은 자식을 가르치는 것만 같음이 없느니라.

여영공 왈 내무현부형 외
呂滎公이 **曰 內無賢父兄**하고 **外**
무엄사우이능유성자 선의
無嚴師友而能有成者가 **鮮矣**니라

【訓音讀】

榮 영화 영　　嚴 엄할 엄　　師 스승 사
能 능할 능　　友 벗 우　　鮮 드물 선
矣 단정하는 어조사 의

【解說】

여영공이 말하기를, "집안에 지혜로운 어버이와 형이 없고 밖으로 엄한 스승과 벗이 없으면 능히 뜻을 이룰 수 있는 자가 드므니라."고 하셨다.

【註】

- 여영공(呂榮公) : 북송(北宋) 때의 학자로 이름은 희철(希哲), 자는 원명(原明)이고 영(榮)은 시호이다.

태공　왈　남자실교　장필완
太公이 曰 男子失敎면 長必頑
우　여자실교　장필추소
愚하고 女子失敎면 長必麤疎니라

【訓音讀】

頑 완고할 완　　愚 어리석을 우　　麤 거칠 추
疎 거칠 소

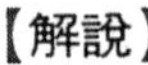

태공이 말하기를, "남자가 가르침을 받지 못하면 반드시 미련하고 어리석어지며, 여자가 가르침을 받지 못하면 자라서 반드시 거칠고 솜씨가 없느니라."고 하셨다.

남년장대 막습악주 여
男年長大어든 **莫習樂酒**하고 **女**
년장대 막령유주
年長大어든 **莫令遊走**니라

【訓音讀】

莫 아닐 막　　習 익힐 습　　樂 풍류 악
遊 놀 유　　走 달릴 주

【解說】

남자가 자라나거든 풍류나 술을 익히지 못하도록 하고, 여자가 자라나거든 놀러 다니지 못하게 할지니라.

嚴父(엄부)는 出孝子(출효자)하고 嚴母(엄모)는 出孝女(출효녀)니라

【訓音讀】

嚴 엄할 엄　　出 날 출

【解說】

엄한 아버지에게는 효자가 나오고, 엄한 어머니에게는 효녀가 나오느니라.

憐兒(연아)어든 多與棒(다여봉)하고 憎兒(증아)어든 多與食(다여식)하라

【訓音讀】

憐 사랑할 련　　與 줄 여　　棒 몽둥이 봉
憎 미워할 증

【解說】

아이를 사랑하거든 매를 많이 주고, 아이를 미워하거든 먹을 것을 많이 주라.

인 개 애 주 옥 아 애 자 손 현
人皆愛珠玉이나 **我愛子孫賢**이니라

【訓音讀】

愛 사랑 애　　珠 구슬 주　　我 나 아

孫 손자 손

【解說】

남은 모두 귀중한 주옥을 사랑하지만, 나는 자손 어진 것을 사랑하느니라.

11. 省心篇(성심편) 上

경행록　　운 보화　　용지유진
景行錄에 云 寶貨는 用之有盡이요
충효　　향지무궁
忠孝는 享之無窮이니라

【訓音讀】

寶 보배 보　　貨 재물 화　　盡 다할 진
享 누릴 향　　之 갈 지　　窮 궁할 궁

【解說】

「경행록」에 이르기를, "보화는 쓰면 다함이 있고, 충성과 효성은 누려도 다함이 없느니라."고 하였다.

가화빈야호　　불의부여하
家和貧也好어니와 不義富如何요
단존일자효　　하용자손다
但存一子孝면 何用子孫多리요

【訓音讀】

貧 빈할 빈　　富 부할 부　　但 단지 단
用 쓸 용

【解說】

집안이 화목하면 가난해도 좋거니와 의롭지 않은 부자라면 무엇하랴. 단지 효도하는 아들 하나만 있다면 자손이 많아서 무엇하리요.

부 불 우 심 인 자 효 부 무 번 뇌 시
父不憂心因子孝요 **夫無煩惱是**
처 현 언 다 어 실 개 인 주 의
妻賢이라 **言多語失皆因酒**요 **義**
단 친 소 지 위 전
斷親疎只爲錢이라.

【訓音讀】

憂 근심 우 　 煩 번거로울 번 　 惱 번뇌할 뇌
斷 끊을 단 　 疎 갈라질 소

【解說】

아버지가 근심하지 않음은 자식이 효도하기 때문이요, 남편이 번뇌가 없는 것은 아내가 어질기 때문이다. 말이 많아 말에 실수함은 술 때문이요, 의리가 끊어지고 친함이 갈라지는 것은 오직 금전 때문이니라.

기 취 비 상 락 수 방 불 측 우
旣取非常樂이어든 須防不測憂니라

【訓音讀】

旣 이미 기　取 취할 취　須 모름지기 수
測 헤아릴 측

【解說】

이미 심상치 못한 즐거움을 가졌거든 모름지기 헤아릴 수 없는 근심을 방비할 것이니라. 즉 보통이 아닌 즐거움이 있은 뒤에는 반드시 예측할 수 없는 근심이 있게 마련이니 이럴 때는 더욱 몸가짐을 조심하라는 뜻이다.

득 총 사 욕 거 안 여 위
得寵思辱하고 居安慮危니라

【訓音讀】

得 얻을 득　寵 사랑할 총　辱 욕할 욕
慮 생각할 려

【解說】

사랑을 얻거든 욕됨을 생각하고, 편안함에 거하거든 위태함을 생각할 것이니라.

영경욕천　　이중해심
榮輕辱淺하고 **利重害深**이니라

【訓音讀】

榮 영화 영　　輕 가벼울 경　　淺 얕을 천
深 깊을 심

【解說】

영화가 가벼우면 욕됨이 얕고, 이로움이 많고 무거우면 해로움도 깊으니라.

심애필심비　심예필심훼
甚愛必甚費요 **甚譽必甚毁**요
심희필심우　심장필심망
甚喜必甚憂요 **甚贓必甚亡**이니라

【訓音讀】

費 소비할 비　　譽 명예 예　　必 반드시 필
毁 헐 훼　　喜 기쁠 희　　贓 뇌물받을 장

【解說】

사랑이 심하면 반드시 심한 소모를 가져오고, 칭찬받음이 심하면 반드시 심한 헐뜯음을 가져온다. 기뻐함이 심하면 반드시 심한 근심을 가져오고, 뇌물 탐(貪)함이 심하면 반드시 심한 멸망을 가져오느니라.

자 왈 불 관 고 애 하 이 지 전 추
子曰 不觀高崖면 何以知顚墜
지 환 불 림 심 천 하 이 지 몰
之患이며 不臨深泉이면 何以知沒
익 지 환 불 관 거 해 하 이 지
溺之患이며 不觀巨海면 何以知
풍 파 지 환
風波之患이리요

【訓音讀】

觀 볼 관	崖 언덕 애	顚 엎어질 전
墜 떨어질 추	臨 임할 임	

【解說】

공자가 말씀하시기를, "높은 낭떠러지를 보지 않으면 어찌 굴러떨어지는 아픔을 알며, 깊은 샘에 가지 않으면 어찌 빠져 죽는 아픔을 알며, 큰 바다를 보지 않으면 어찌 풍파가 일어나는 무서운 환란을 알리요."라고 하셨다.

욕 지 미 래　　선 찰 이 연
欲知未來거든 **先察已然**하라

【訓音讀】

未 아직 미　　先 먼저 선　　已 이미 이

察 살필 찰

【解說】

미래를 알려거든 먼저 지나간 일을 살펴보라.

자 왈　명 경　　소 이 찰 형　　왕
子曰 明鏡은 **所以察形**이요 **往**

자　　소 이 지 금
者는 **所以知今**이니라

【訓音讀】

明 밝을 명　　鏡 거울 경　　往 갈 왕

今 지금 금

【解說】

공자가 말씀하시기를, "밝은 거울은 얼굴을 살필 수 있고, 지나간 일은 현재를 알 수 있느니라."고 하셨다.

과거사 여명경 미래사
過去事는 如明鏡이요 未來事는
암사칠
暗似漆이니라

【訓音讀】

過 지날 과　似 흡사 사　漆 옻 칠

【解說】

지나간 일은 밝기가 거울 같고 미래의 일은 어둡기가 칠흑(漆黑)과 같으니라.

경행록 운 명조지사 박
景行錄에 云 明朝之事를 薄
모 불가필 박모지사
暮에 不可必이요 薄暮之事를
포시 불가필
晡時에 不可必이니라

【訓音讀】

薄 엷을 박　暮 저물 모　晡 저녁 포

【解說】

「경행록」에 이르기를, "내일 아침의 일을 저녁 때에 가히 그렇게 된다고 알지 못할 것이요, 저녁 때의 일을 오후 네 시쯤 가히 꼭 그렇게 된다고 알지 못할 것이니라."고 하였다.

천유불측풍우 인유조석화
天有不測風雨하고 **人有朝夕禍**

복
福이니라

【訓音讀】

測 헤아릴 측　風 바람 풍　雨 비 우
禍 재앙 화

【解說】

하늘에는 예측할 수 없는 비바람이 있고, 사람은 아침 저녁으로 화와 복이 있느니라.

미 귀 삼 척 토　난 보 백 년 신
未歸三尺土하얀 難保百年身이요
이 귀 삼 척 토　난 보 백 년 분
已歸三尺土하얀 難保百年墳이니라

【訓音讀】

歸 돌아갈 귀　　難 어려울 난　　保 보전할 보

墳 무덤 분

【解說】

석 자 되는 흙 속으로 돌아가지 아니하고서는 백년의 몸을 보존하기 어렵고, 이미 석 자 되는 흙 속으로 돌아가선 백년 동안 무덤을 보전키 어려울 것이니라.

경 행 록　운 목 유 소 양 즉 근 본 고
景行錄에 云 木有所養則根本固
이 지 엽 무　동 량 지 재 성　수
而枝葉茂하여 棟樑之材成하고 水
유 소 양 즉 천 원 장 이 유 파 장
有所養則泉源壯而流派長하여
관 개 지 리 박　인 유 소 양 즉 지
灌漑之利博하고 人有所養則志
기 대 이 식 견 명　충 의 지 사 출
氣大而識見明하여 忠義之士出이

가 불 양 재
니 可不養哉아

【訓音讀】

有 있을 유 養 기를 양 根 뿌리 근
固 굳을 고 茂 무성할 무 棟 기둥 동
樑 대들보 량 灌 물댈 관 漑 물댈 개

【解說】

「경행록」에 이르기를, "나무를 잘 기르면 뿌리가 튼튼하고 가지와 잎이 무성해서 동량의 재목을 이루고, 수원(水源)을 잘 만들어 놓으면 물줄기가 풍부하고 흐름이 길어서 관개(灌漑)의 이익이 베풀어지고, 사람을 기르면 마음과 기상이 뛰어나고 식견이 밝아져서 충의(忠義)의 선비가 나오니 어찌 기르지 않을 것이냐."고 하였다.

자 신 자 인 역 신 지 오 월
自信者는 人亦信之하나니 吳越이
개 형 제 자 의 자 인 역 의 지
皆兄弟요 自疑者는 人亦疑之하나
신 외 개 적 국
니 身外皆敵國이니라

【訓音讀】

信 믿을 신　　吳 나라 오　　越 나라 월
疑 의심할 의　　皆 모두 개　　敵 적 적

【解說】

스스로를 믿는 자는 남도 또한 자기를 믿나니, 오나라와 월나라와 같은 적국 사이라도 형제와 같이 될 수 있고, 스스로를 믿지 못하는 자는 남도 또한 자기를 믿어 주지 않으니 자기 이외에는 모두 원수와 같은 나라가 되느니라.

【註】

- 오월(吳越) : 전국 시대의 오나라와 월나라를 말하는 것으로 오왕(吳王) 부차(夫差)와 월왕(越王) 구천(句踐)이 서로 싸워 원수 사이였다.

의 인 막 용　　용 인 물 의
疑人莫用하고 **用人勿疑**니라

【訓音讀】

莫 아닐 막　　用 쓸 용　　勿 말 물

【解說】

사람을 의심하거든 쓰지 말고 사람을 쓰거든 의심치 말지니라.

諷諫에 云 水底魚天邊雁은 高可射兮低可釣이어니와 惟有人心咫尺間에 咫尺人心不可料니라

(풍간 운 수저어천변안 고가사혜저가조 유유인심지척간 지척인심불가료)

【訓音讀】

諷 풍자할 풍　諫 간할 간　雁 기러기 안
咫 지척 지　尺 자 척　料 헤아릴 료

【解說】

「풍간」에 이르기를, "물 속 깊이 있는 고기와 하늘 높이 나는 기러기는 쏘고 낚을 수 있거니와, 오직 사람의 마음은 바로 지척간에 있음에도 이 지척간에 있는 마음은 가히 헤아릴 수 없느니라."고 하였다.

【註】

● 풍간(諷諫) : 책이름

화 호 화 피 난 화 골 　　지 인 지 면
畫虎畫皮難畫骨이요 **知人知面**
부 지 심
不知心이니라

【訓音讀】

畫 그림 화　　虎 범 호　　皮 가죽 피
骨 뼈 골

【解說】

범을 그리되 모양은 그릴 수 있으나 뼈는 그리기 어렵고, 사람을 알되 얼굴은 알지만 마음은 알지 못하느니라.

대 면 공 화 　　심 격 천 산
對面共話하되 **心隔千山**이니라

【訓音讀】

隔 막힐 격　　共 서로 공　　話 말씀 화

【解說】

얼굴을 맞대고 서로 이야기는 하나 마음은 여러 산을 격해 있는 것처럼 멀리 떨어져 있느니라.

해고종견저　인사부지심
海枯終見底나 **人死不知心**이니라

【訓音讀】

枯 마를 고　　終 끝날 종　　死 죽을 사

【解說】

바다는 마르면 마침내 그 바닥을 볼 수 있으나 사람은 죽어도 그 마음을 알지 못하느니라.

태공　왈　범인　불가역상
太公이 **曰** **凡人**은 **不可逆相**이요
해수　불가두량
海水는 **不可斗量**이니라

【訓音讀】

凡 무릇 범　　逆 거스를 역　　斗 말 두
量 헤아릴 량

【解說】

태공이 말하기를, "무릇 사람은 앞질러 점칠 수 없고, 바닷물은 가히 말[斗]로 될 수 없느니라."고 하셨다.

경행록　　운 결원어인　　위지종
景行錄에 云 結怨於人은 謂之種
화　　사선불위　　위지자적
禍요 捨善不爲는 謂之自賊이니라

【訓音讀】

結 맺을 결　　怨 원망할 원　　謂 이를 위
種 종자 종　　捨 버릴 사　　爲 할 위

【解說】

「경행록」에 이르기를, "남과 원수를 맺는 것은 재앙의 씨를 심는 것이라 말하고, 착한 것을 버리고 착한 일을 하지 않는 것은 스스로를 해치는 것이니라."고 하였다.

약청일면설　　편견상이별
若聽一面說이면 便見相離別이니라

【訓音讀】

聽 들을 청　　說 말씀 설　　離 떠날 리

【解說】

만약 한쪽 말만 들으면 곧 친한 사이가 멀어짐을 볼 것이니라.

포난 사음욕 기한 발도
飽煖엔 思淫慾하고 飢寒엔 發道
심
心이니라

【訓音讀】

飽 배부를 포 煖 따뜻할 난 飢 주릴 기
淫 음란할 음

【解說】

배부르고 따뜻한 곳에서 호강하게 살면 음욕이 생기고, 굶주리고 추운 곳에서 고생하며 살면 도의심(道義心)이 일어나느니라.

소광 왈 현인다재즉손기지
疏廣이 曰 賢人多財則損其志하고
우인다재즉익기과
愚人多財則益其過니라

【訓音讀】

賢 어질 현　　財 재물 재　　志 뜻 지

愚 어리석을 우

【解說】

소광이 말하기를, "어진 사람이 재물이 많으면 그 뜻을 손상하고 어리석은 사람이 재물이 많으면 허물이 더하느니라."고 하셨다.

【註】

- 소광(疏廣) : 한(漢)나라 때 사람으로, 자는 중옹(仲翁).

인빈지단 복지심령 人貧智短하고 福至心靈이니라

【訓音讀】

貧 가난할 빈　　智 지혜 지　　短 짧을 단

靈 신령 령

【解說】

사람이 가난하면 지혜가 짧아지고, 복이 이르면 마음이 영통하여 지느니라.

불경일사 부장일지
不經一事면 **不長一智**니라

【訓音讀】

經 겪을 경　　長 길 장　　智 지혜 지

【解說】

한 가지 일을 겪지 아니하면 한 가지의 지혜가 자라지 아니하느니라.

시비종일유 불청자연무
是非終日有라도 **不聽自然無**니라

【訓音讀】

是 이 시　　非 아닐 비　　聽 들을 청
自 스스로 자

【解說】

시비가 종일토록 있을지라도 듣지 않으면 저절로 없어지느니라.

내설시비자 편시시비인
來說是非者는 **便是是非人**이니라

【訓音讀】

是 이시　非 아닐비　便 편할편

【解說】

와서 남의 시비를 말하는 사람이 바로 나에게 시비하는 사람이니라.

격양시 운 평생 부작추미
擊壤詩에 **云 平生**에 **不作皺眉**

사 세상 응무절치인
事하면 **世上**에 **應無切齒人**이니

대명 기유전완석 노상행
大名을 **豈有鐫頑石**가 **路上行**

인 구승비
人이 **口勝碑**니라

【訓音讀】

擊 칠격　皺 주름살추　眉 눈썹미

鐫 새길전　頑 완만할완　路 길로

碑 비석비

【解說】

「격양시」에 이르기를, "평생 눈썹 찡그릴 일을 하지 않으면 세상에 이를 갈 원수 같은 사람이 없을 것이다. 크게 난 이름을 어찌 뜻없는 돌에 새길 것인가. 길 가는 사람의 입이 비석보다 나으니라."고 하였다.

유 사 자 연 향　　하 필 당 풍 립
有麝自然香이니 **何必當風立**고

【訓音讀】

麝 사향노루 사　　香 향기 향　　風 바람 풍

【解說】

사향을 지녔으면 저절로 향기로운데 어찌 반드시 바람이 불어야만 향기가 나겠는가

유 복 막 향 진　　복 진 신 빈 궁
有福莫享盡하라 **福盡身貧窮**이요

유 세 막 사 진　　세 진 원 상 봉
有勢莫使盡하라 **勢盡冤相逢**이니라

복 혜 상 자 석　　세 혜 상 자 공
福兮常自惜하고 **勢兮常自恭**하라

인 생 교 여 치　　유 시 다 무 종
人生驕與侈는 **有始多無終**이니라

【訓音讀】

盡 다할 진　　享 누릴 향　　窮 다할 궁

驕 교만할 교　　侈 사치할 치

【解說】

복이 있다 해도 다 누리지 마라. 복이 다하면 몸이 빈궁해질 것이오. 권세가 있다 해도 함부로 부리지 마라. 권세가 다하면 원수와 서로 만나느니라. 복이 있거든 항상 스스로 아끼고 권세가 있거든 항상 스스로 겸손하라. 사람에 있어서 교만과 사치는 처음은 있으나 흔히 나중에는 없는 것이니라.

왕참정사유명　왈　유유여부
王參政四留銘에 曰 留有餘不
진지교　이환조물　유유여
盡之巧하여 以還造物하고 留有餘
부진지록　이환조정　유유
不盡之祿하여 以還朝廷하고 留有
여부진지재　이환백성　유
餘不盡之財하여 以還百姓하고 留
유여부진지복　이환자손
有餘不盡之福하여 以還子孫이니라

【訓音讀】

參 참여할 참　　留 머무를 류　　銘 새길 명
餘 남을 여　　巧 재주 교　　以 써 이
造 지을 조　　還 돌아올 환　　有 있을 유

【解說】

왕참정「사유명」에 말하기를, "여유 있는 재주를 다 쓰지 않았다가 조물주에 돌려 주고, 여유 있는 복록을 다 쓰지 않았다가 조정에 돌려 주며, 여유 있는 재물을 다 쓰지 않았다가 백성에게 돌려 주며, 여유 있는 복을 다 누리지 않았다가 자손에게 돌려 줄지니라."고 하였다.

【註】

- 왕참정(王參政) : 이름은 단(旦). 북송(北宋) 진종(眞宗) 때의 정치가.

황금천량　미위귀　득인일어
黃金千兩이 **未爲貴**요 **得人一語**
승천금
勝千金이니라

【訓音讀】

黃 누를 황　　貴 귀할 귀　　勝 이길 승

【解說】

황금 천 냥이 귀한 것이 아니고 사람의 좋은 말 한 마디 듣는 것이 천금보다 나으리라.

교자 졸지노 고자 낙지모
巧者는 拙之奴요 苦者는 樂之母니라

【訓音讀】

巧 공교로울 교　拙 옹졸할 졸　奴 종 노
苦 괴로울 고　樂 즐거울 락

【解說】

재주 있는 사람은 재주 없는 사람의 종이 되고 괴로움을 경험한 사람은 즐거움의 근본이 되느니라. 즉 고생 끝에 낙이 온다는 뜻이다.

소선 난감중재 심경 불의 독행
小船은 難堪重載요 深逕은 不宜獨行이니라

【訓音讀】

船 배 선　　難 어려울 난　　逕 길 경

宜 마땅할 의

【解說】

작은 배는 무겁게 싣는 것을 견디기가 어렵고, 으슥한 길은 혼자 다니기에 좋지 못하니라. 즉 모든 일을 분수에 넘지 않도록 하고 또 근신하라는 뜻이다.

黃金(황금)이 **未是貴**(미시귀)요 **安樂**(안락)이 **值錢多**(치전다)니라

【訓音讀】

未 아닐 미　　值 값 치　　錢 돈 전

【解說】

황금이 귀한 것이 아니요, 편안하고 즐거움이 보다 값있는 것이니라.

재가		불회요빈객		출외	
在家	에	不會邀賓客	이면	出外	에

방지소주인	
方知少主人	이니라

【訓音讀】

會 만날 회　　邀 맞을 요　　賓 손 빈

方 모 방

【解說】

집에 손님을 맞아 대접할 줄 모르면 밖에 나가서 다른 집에 손님으로 가 보아야 주인 임무를 알리라.

빈거뇨시무상식		부주심산
貧居鬧市無相識	이요	富住深山

유원친	
有遠親	이니라

【訓音讀】

貧 가난할 빈　　鬧 떠들 뇨　　市 시장 시

【解說】

가난하게 살면 번화한 시장거리에 살아도 서로 아는 사람이 없고, 넉넉하게 살면 산중에 살아도 먼 데서 찾아오는 친구가 있느니라.

人義(인의)는 盡從貧處斷(진종빈처단)이요 世情(세정)은 便向有錢家(변향유전가)니라

【訓音讀】

義 의로울 의　　從 좇을 종　　世 인간 세

【解說】

사람의 의리는 다 가난한 데서 끊어지고, 세상의 인정은 곧 돈 있는 집으로 쏠리느니라. 즉 박정한 인심을 말한 글이다.

寧塞無底缸(영색무저항)이언정 難塞鼻下橫(난색비하횡)이니라

【訓音讀】

寧 안녕 녕　　塞 막을 색　　缸 항아리 항

鼻 코 비　　下 아래 하　　橫 빗길 횡

【解說】

차라리 밑 빠진 항아리는 막을지언정 코 아래 가로 놓인 것(입)은 막기 어려우니라.

인정　　개위군중소 人情은 皆爲窘中疎니라

【訓音讀】

情 뜻정　　窘 군색할 군　　疎 성길 소

【解說】

사람의 정분은 다 군색한 가운데서 성기어지게 되느니라. 즉, 사람이 가난하게 되면 아무리 가깝던 친구나 친척들도 찾아오지 않는다는 가난의 비극을 말한 글이다.

사기　왈　교천예묘　비주불 史記에 曰 郊天禮廟는 非酒不 향　군신붕우　비주불의 享이요 君臣朋友는 非酒不義요 투쟁상화　비주불권　고 鬪爭相和는 非酒不勸이라 故로 주유성패이불가범음지 酒有成敗而不可泛飮之니라

【訓音讀】

郊 들 교	廟 사당 묘	享 누릴 향
朋 벗 붕	鬪 싸울 투	敗 패할 패
泛 뜰 범	飮 마실 음	

【解說】

「사기」에서 말하기를, "하늘에 제사를 지내고 사당에 제례 올림에도 술이 아니면 제물을 받지 않을 것이요, 임금과 신하, 벗과 벗 사이에도 술이 아니면 의리가 두터워지지 않을 것이요, 싸움을 하고 서로 화해함에도 술이 아니면 권하지 못할 것이다. 그러므로 술은 성공과 실패를 얻는 것으로 가히 함부로 마시지 못하느니라."고 하였다.

【註】

● 사기(史記) : 한(漢)나라의 사마천(司馬遷)이 한(漢)나라 황제(皇帝)로부터 한(漢)나라 무제(武帝) 때까지 약 3천년의 왕조 역사를 기록한 역사책이다.

자 왈 사 지 어 도 이 치 악 의 악 식
子曰 士志於道而恥惡衣惡食
자 미 족 여 의 야
者는 未足與議也이니라

【訓音讀】

志 뜻 지　　恥 부끄러울 치　　議 의논할 의

【解說】

공자가 말씀하시기를, "선비가 도에 뜻을 두면서 못 입고 못 먹는 것을 부끄러워하는 자는 서로 더불어 의논할 사람이 못 되느니라."고 하셨다.

순 자 왈　사 유 투 우 즉 현 교 불 친
荀子曰 士有妬友則賢交不親하고
군 유 투 신 즉 현 인 부 지
君有妬臣則賢人不至니라

【訓音讀】

荀 죽순 순　　妬 질투할 투　　交 교제할 교

臣 신하 신

【解說】

순자가 말씀하시기를, "선비가 벗을 질투하는 일이 있으면 어진 벗과 친할 수 없고, 임금이 신하를 질투하는 일이 있으면 어진 신하가 오지 않느니라."고 하셨다.

천 불 생 무 록 지 인　　지 부 장 무
天不生無祿之人하고 **地不長無**
명 지 초
名之草이니라

【訓音讀】

祿 녹록　　長 길장　　無 없을무

【解說】

하늘은 녹 없는 사람을 내지 않고, 땅은 이름 없는 풀을 기르지 않느니라.

대 부　유 천　소 부　유 근
大富는 **由天**하고 **小富**는 **由勤**이니라

【訓音讀】

富 부자부　　由 이유유　　勤 부지런할근

【解說】

큰 부자는 하늘에 달려 있고 작은 부자는 부지런한 데 달려 있느니라.

성가지아　석분여금　패가
成家之兒는 惜糞如金하고 敗家
지아　용금여분
之兒는 用金如糞이니라

【訓音讀】

惜 아낄 석　　敗 패할 패　　糞 똥 분

【解說】

집을 이룰 아이는 똥을 아끼기를 금같이 하고, 집을 망칠 아이는 돈쓰기를 똥과 같이 하느니라. 즉, 옛날 인분(人糞)을 유일한 비료로 쓰던 때의 말로서, 농사를 잘 지어서 집안을 일으킬 수 있음을 상징한 글이다.

강절소선생　왈　한거　신물
康節邵先生이 曰 閑居에 愼勿
설무방　재설무방변유방
說無妨하라 纔說無妨便有妨이니라
상구물다종작질　쾌심사과
爽口勿多終作疾이요 快心事過
필유앙　여기병후능복약
必有殃이라 與其病後能服藥으론
불약병전능자방
不若病前能自防이니라

【訓音讀】

閑 한가로울 한　　愼 삼갈 신　　妨 방해 방

纔 겨우 재　　爽 상쾌할 상

【解說】

강절소 선생이 말씀하시기를, "편안하고 한가롭게 살 때 삼가 걱정이 없다고 말하지 마라. 겨우 걱정할 것이 없다는 말이 입에 나가자 문득 걱정거리가 생기리라. 입에 상쾌한 음식이라고 해서 많이 먹으면 병을 만들 것이요, 마음에 상쾌한 일이라고 해서 지나치게 하면 반드시 재앙이 있으리라. 병이 난 후에 약을 먹는 것보다는 병이 나기 전에 스스로 조심하는 것만 같지 못하느니라."고 하셨다.

자동제군수훈 왈 묘약 난
梓童帝君垂訓에 曰 妙藥이 難

의원채병 횡재 불부명궁
醫寃債病이요 橫財는 不富命窮

인 생사사생 군막원 해
人이야 生事事生을 君莫怨하고 害

인인해 여휴진 천지자연
人人害를 汝休嗔하라 天地自然

개유보 원재아손근재신
皆有報하니 遠在兒孫近在身이니라

【訓音讀】

梓 가래나무 자　汝 너 여　藥 약 약
冤 원한 원　醫 의원 의　窮 궁핍할 궁
怨 원망할 원

【解說】

자동제군이 훈계를 내려 말하기를, "신묘한 약이라도 원한의 병은 고치기 어렵고, 뜻밖에 생기는 재물도 운수가 궁한 사람은 부자가 되게 할 수 없다. 일을 생기게 하고 나서 일이 생기는 것을 원망하지 말고, 남을 해치고 나서 남이 해치는 것을 너무 꾸짖지 마라. 천지간에 모든 일은 다 갚음이 있나니 멀면 자손에게 있고 가까우면 자기 몸에 있느니라."고 하셨다.

【註】

- 자동제군(梓童帝君) : 도가(道家)에 속한다.

화 락 화 개 개 우 락　　금 의 포 의
花落花開開又落하고 錦衣布衣
갱 환 착　　호 가 미 필 상 부 귀
更換着이라 豪家未必常富貴요
빈 가 미 필 장 적 막　　부 인 미 필
貧家未必長寂寞이라 扶人未必
상 청 소　추 인 미 필 전 구 학
上靑霄요 推人未必塡邱壑이라
권 군 범 사　막 원 천　　천 의 어
勸君凡事를 莫怨天하라 天意於
인　무 후 박
人에 無厚薄이니라

【訓音讀】

錦 비단 금	換 바꿀 환	豪 호걸 호
寂 고요 적	寞 고요할 막	霄 하늘 소
塡 메울 전	邱 언덕 구	壑 구렁 학
勸 권할 권	厚 후할 후	薄 엷을 박

【解說】

꽃은 지었다 피고 피었다 또 진다. 비단옷도 다시 베옷으로 바꿔 입느니라. 넉넉하고 호화로운 집이라고 해서 반드시 언제나 부귀한 것이 아니요, 가난한 집도 반드시 오래 적적하고 쓸쓸하지 않느니라. 사람이 밀어 올려도 반드시 하늘에 올라가지 못할 것이요, 사람을 밀어도 반드시 깊은 구렁에 떨어지지 않느니라. 그대에게 권고하노니, 모든 일에 하늘을 원망하지 마라. 하늘의 뜻은 본시 사람에게 후하고 박함이 없느니라. 즉, 부귀와 빈천이란 돌고 돌아서 한 군데만 오래 있지 않다는 것을 표현한 글이다.

감 탄 인 심 독 사 사　수 지 천 안 전
堪歎人心毒似蛇라 **誰知天眼轉**
여 차　거 년 망 취 동 인 물　금
如車요 **去年妄取東隣物**터니 **今**
일 환 귀 북 사 가　무 의 전 재 탕
日還歸北舍家이라 **無義錢財湯**
발 설　당 래 전 지 수 추 사　약
潑雪이요 **儻來田地水推沙**니라 **若**
장 교 휼 위 생 계　흡 사 조 운 모 락
將狡譎爲生計면 **恰似朝雲暮落**
화
花이라

【訓音讀】

堪 견딜 감	歎 한탄할 탄	隣 이웃 린
潑 물뿌릴 발	儻 진실로 당	狡 간교할 교
譎 속일 휼	恰 흡사할 흡	

【解說】

사람의 마음이 독하기가 뱀 같음을 한탄하여 마지않는다. 누가 하늘에서 보는 눈이 수레바퀴처럼 돌아가고 있음을 알 것이요, 지나간 해에 망령되게 동녘 이웃의 물건을 탐내어 가져왔더니 오늘엔 어느덧 북녘 집으로 돌아갔구나. 의롭지 않게 취한 돈과 재물은 끓는 물에서 녹는 눈과 같이 없어질 것이요, 뜻밖에 얻어진 전답은 물에 밀려온 모래이니라. 만약 교활한 꾀로서 생활하는 방법을 삼는다면 그것은 흡사 아침에 떠오르는 구름이나 저녁에 시들어지는 꽃과 같이 오래 가지 못하느니라.

무약가의경상수 유전난매자
無藥可醫卿相壽요 **有錢難買子**
손현
孫賢이니라

【訓音讀】

卿 벼슬 경　　壽 목숨 수　　相 서로 상
買 살 매

【解說】

약은 가히 재상과 같은 귀한 목숨도 고칠 수 없고, 돈은 있어도 자손의 현명함을 사지 못하느니라.

일 일 청 한 　 일 일 선

一日清閑이면 **一日仙**이니라

【訓音讀】

清 맑을 청　　閑 한가로울 한　　仙 신선 선

【解說】

하루라도 마음이 깨끗하고 편안하다면 그 하루는 신선이 되느니라.

12. 省心篇(성심편) 下

진종황제어제 왈 지위식험
眞宗皇帝御製에 曰 知危識險이면

종무리망지문 거선천현
終無羅網之門이요 擧善薦賢이면

자유안신지로 시인포덕 내
自有安身之路라 施仁布德은 乃

세대지영창 회투보원 여
世代之榮昌이요 懷妬報冤은 與

자손지위환 손인이기 종
子孫之爲患이라 損人利己면 終

무현달운잉 해중성가 기
無顯達雲仍이요 害衆成家면 豈

유장구부귀 개명이체 개
有長久富貴리요 改名異體는 皆

인교어이생 화기상신 개
因巧語而生이요 禍起傷身은 皆

시불인지소
是不仁之召니라

【訓音讀】

眞 참 진	御 모실 어	危 위태로울 위
險 험할 험	罹 걸릴 리	網 그물 망
薦 천거할 천	懷 품을 회	仍 인할 잉
巧 공교로울 교	傷 상할 상	召 부를 소

【解說】

진종 황제 어제에 말하기를, "위태함을 알고 험한 것을 알면 마침내 그물에 걸리는 일이 없는 것이요, 선한 일을 받들고 착한 이를 추어올리고 어진 사람을 천거하면 스스로 몸이 편안한 길이 있고, 인(仁)을 베풀고 덕(德)을 폄은 곧 대대로 번영을 가져올 것이다. 시기하는 마음을 품고 원한에 보복함은 자손에게 근심을 끼쳐 주는 것이요, 남을 해롭게 해서 자기를 이롭게 한다면 마침내 현달한 자손이 없고, 뭇 사람을 해롭게 해서 성가(成家)를 한다면 어찌 그 부귀가 길게 가겠는가. 이름을 갈고 몸을 달리함은 모두 교묘한 말로 말미암아 생겨나고, 재앙이 일어나고 몸이 상하게 됨은 다 어질지 못함이 부르는 것이니라."고 하였다.

【註】

- 진종 황제(眞宗皇帝, 968~1022) : 북송(北宋)의 제3대 황제.

신종황제어제 왈 원비도지
神宗皇帝御製에 曰 遠非道之

재 계과도지주 거필택린
財하고 戒過度之酒하며 居必擇隣

교필택우 질투 물기
하고 交必擇友하며 嫉妬를 勿起

어심 참언 물선어구
於心하고 讒言을 勿宣於口하며

골육빈자 막소 타인부자
骨肉貧者를 莫疎하고 他人富者를

막후 극기 이근검위선
莫厚하며 克己는 以勤儉爲先하고

애중 이겸화위수 상사기왕
愛衆은 以謙和爲首하며 常思旣往

지비 매념미래지구 약의
之非하고 每念未來之咎하라 若依

짐지사언 치국가이가구
朕之斯言이면 治國家而可久니라

【訓音讀】

戒 경계 계	擇 가릴 택	讒 참소할 참
咎 허물 구	朕 나 짐	治 다스릴 치

【解說】

신종 황제 어제에 말하기를, "사람으로서 마땅히 지켜야

할 도가 아닌 재물은 멀리하고 정도에 지나치는 술을 경계하며, 반드시 이웃을 가려 살고 벗을 가려 사귀며 남을 시기하는 마음을 일으키지 말고 남을 헐뜯어 말하지 말며, 동기간의 가난한 자를 소홀히 하지 말고, 부유한 자에게 아첨하지 말고, 자기의 사욕을 극복하는 것은 부지런하고 아껴 쓰는 것이 첫째이고, 사람을 사랑하되 겸손하고 화평함을 첫째로 삼을 것이며, 언제나 지나간 날의 잘못됨을 생각하고 또 앞날의 허물을 생각하라. 만약 나의 이 말에 의한다면 나라와 집안을 다스림이 가히 오래 갈 것이니라."고 하였다.

【註】

- 신종 황제(神宗皇帝, 1048~1085) : 북송(北宋)의 제6대 황제.

고종황제어제 왈 일성지화

高宗皇帝御製에 **曰 一星之火**도

능소만경지신 반구비언

能燒萬頃之薪하고 **半句非言**도

오손평생지덕 신피일루

誤損平生之德이라 **身被一縷**나

상사직녀지로 일식삼손

常思織女之勞하고 **日食三飧**이나

每念農夫之苦하라 苟貪妬損은
(매념농부지고 / 구탐투손)

終無十載安康하고 積善存仁이면
(종무십재안강 / 적선존인)

必有榮華後裔니라 福緣善慶은
(필유영화후예 / 복연선경)

多因積行而生이요 入聖超凡은
(다인적행이생 / 입성초범)

盡是眞實而得이니라
(진시진실이득)

【訓音讀】

製 만들 제	燒 불사를 소	薪 섶 신
被 입을 피	縷 실오리 루	織 짤 직
飧 밥 손	貪 탐낼 탐	苟 구타할 구
緣 인연 연	載 실을 재	康 편안할 강
裔 후손 예	超 뛸 초	盡 다할 진
實 열매 실	得 얻을 득	

【解說】

고종 황제 어제에 말하기를, "한 점의 불티도 능히 만경의 숲을 태우고, 짧은 반 마디 그릇된 말이 평생의 덕을 허물어뜨린다. 몸에 한 오라기의 실을 입었어도 항상 베 짜는 여자의 수고로움을 생각하고, 하루 세 끼니의 밥을 먹거든 농부의 힘드는 것을 생각하라. 미워하고 탐내고, 시기해서 남에게 손해를 끼친다면 마침내 10년의 편안함도 없을 것이요, 선을 쌓고 인을 보존하면 반드시 후손들에게 영화가 있으리라. 행복과 경사는 대부분의 선행을 쌓는 데서 생겨나고, 범용(凡庸)을 초월해서 성인의 경지에 들어가는 것은 다 진실함으로써 얻어지는 것이니라." 고 하였다.

【註】

- 고종 황제(高宗皇帝, 1107~1187) : 남북(南北)의 초대 황제.

王良(왕량)이 曰(왈) 欲知其君(욕지기군)이면 先視其臣(선시기신)하고 欲識其人(욕식기인)이면 先視其友(선시기우)하고 欲知其父(욕지기부)면 先視其子(선시기자)하라

君聖臣忠(군성신충)하고 父慈子孝(부자자효)이니라

【訓音讀】

良 어질 량　　欲 하고자 할 욕　　知 알 지

臣 신하 신　　　慈 사랑할 자　　　視 볼 시

【解說】

왕량이 말하기를, "그 임금을 알려고 한다면 먼저 그 신하를 보고, 그 사람을 알려고 한다면 먼저 그 벗을 보고, 그 아비를 알려고 한다면 먼저 그 자식을 보라. 임금이 거룩하면 그 신하가 충성스럽고, 아비가 인자하면 자식이 효행하느니라."고 하셨다. 즉 성스러운 임금 밑에는 신하들이 다 충성스럽고, 인자한 아비 밑의 자식들은 다 효성스럽게 된다는 뜻이다.

【註】

- 왕량(王良) : 춘추 시대(春秋時代) 진(晋)나라 사람.

家語(가어)에 云(운) 水至清則無魚(수지청즉무어)하고 人(인)至察則無徒(지찰즉무도)니라

【訓音讀】

至 이를 지　　　淸 맑을 청　　　察 살필 찰

徒 무리 도

【解說】

「가어」에 이르기를, "물이 지극히 맑으면 고기가 없고,사람이 지극히 살피면 친구가 없느니라."고 하였다. 즉 물이 지나치게 맑게 되면 고기가 살 수 없듯이 사람도 너무 남의 옳고 그름을 살피게 되면 친구가 있을 수 없다는 뜻이다.

【註】

● 가어(家語) : 「공자 가어(孔子家語)」를 말한다. 공자의 언행과 세상에 드러나지 않은 사실들을 모은 책으로서 10권으로 되어 있다.

허경종 왈 춘우여고 행인
許敬宗이 曰 春雨如膏나 行人은
악기니녕 추월 양휘 도
惡其泥濘하고 秋月이 揚輝나 盜
자 증기조감
者는 憎其照鑑이니라

【訓音讀】

敬 공경 경　膏 기름 고　泥 진흙 니
濘 진흙 녕　揚 올릴 양　憎 미울 증
鑑 거울 감

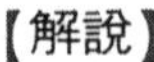

허경종이 말하기를, "봄비는 기름과 같으나 길 가는 사람은 그 질퍽질퍽한 진창을 싫어하고, 가을의 달빛은 밝게 비치나 도둑놈은 그 밝게 비치는 것을 싫어하느니라."고 하셨다.

【註】

- 허경종(許敬宗) : 자는 연족(延族), 당(唐)나라 사람. 사가(史家).

> 景行錄(경행록)에 云(운) 大丈夫(대장부)는 見善明故(견선명고)로 重名節於泰山(중명절어태산)하고 用心精故(용심정고)로 輕死生於鴻毛(경사생어홍모)니라

【訓音讀】

節 계절 절　　泰 클 태　　鴻 큰 기러기 홍
毛 털 모

【解說】

「경행록」에 이르기를, "대장부는 착한 것을 보는 것이 밝으므로 명분과 절의를 태산보다 중하게 여기고, 마음 쓰

기가 깨끗하므로 죽는 것과 사는 것을 아주 기러기 털처럼 가볍게 여기느니라."고 하였다.

민인지흉 낙인지선 제
悶人之凶하고 **樂人之善**하며 **濟**
인지급 구인지위
人之急하고 **救人之危**니라

【訓音讀】

悶 민망할 민　　凶 흉할 흉　　濟 건널 제
急 급할 급

【解說】

남의 흉한 것을 민망히 여기고, 남의 착한 것을 즐겁게 여기며, 남의 급한 것을 건지고, 남의 위태함을 구하여야 되느니라.

경목지사 공미개진 배
經目之事도 **恐未皆眞**이어늘 **背**
후지언 기족심신
後之言을 **豈足深信**이리요

【訓音讀】

恐 두려울 공　背 등 배　豈 어찌 기
信 믿을 신

【解說】

직접 보고 경험한 일도 모두 참되지 아니할까 두렵거늘, 뒤에서 하는 말을 어찌 족히 깊이 믿으리요.

불한자가급승단　지한타가
不恨自家汲繩短하고 **只恨他家**
고정심
苦井深이로다

【訓音讀】

恨 원한 한　汲 물 기를 급　繩 노 승
井 우물 정

【解說】

자기 집 두레박 줄이 짧은 것은 탓하지 않고, 남의 집 우물 깊은 것만 탓하는도다.

장람　만천하　죄구박복인
贓濫이 **滿天下**하되 **罪拘薄福人**이니라

【訓音讀】

贓 장물 장　　　濫 넘칠 람　　　罪 허물 죄

拘 걸릴 구

【解說】

부정한 재물을 취하는 사람이 천하에 가득할지라도 죄는 복이 적은 사람에게 걸리느니라.

天若改常(천약개상)이면 不風即雨(불풍즉우)요 人若改常(인약개상)이면 不病即死(불병즉사)니라

【訓音讀】

改 고칠 개　　　常 항상 상　　　卽 곧 즉

【解說】

하늘이 만약 상도를 어기면 바람 아니면 비가 오고, 사람이 만약 상도를 벗어나면 죽으리라.

장원시 운 국정천심순 관
壯元詩에 云 國正天心順이요 官
청민자안 처현부화소 자
淸民自安이라 妻賢夫禍少요 子
효부심관
孝父心寬이니라

【訓音讀】

順 순할 순　　官 벼슬 관　　禍 재앙 화

寬 너그러울 관

【解說】

「장원시」에 이르기를, "나라가 바르면 하늘도 순할 것이요, 벼슬아치가 바르고 깨끗하면 온 백성이 저절로 편안하느니라. 아내가 어질면 남편의 화가 적을 것이요, 자식이 효도하면 아버지의 마음이 너그러워지느니라."고 하였다.

자왈 목종승즉직 인수간
子曰 木從繩則直하고 人受諫
즉성
則聖이니라

【訓音讀】

從 좇을 종　　繩 먹줄 승　　諫 충고할 간
聖 거룩할 성

【解說】

공자가 말씀하시기를, "나무가 먹줄을 좇으면 곧고, 사람이 충고(忠告)함을 받아들이면 거룩하게 되느니라."고 하셨다.

일파청산경색유 전인전토 후인수 후인수득막환희 갱유수인재후두
一派青山景色幽러니 前人田土後人收라 後人收得莫歡喜하라 更有收人在後頭니라

【訓音讀】

幽 그윽할 유　　收 거둘 수　　歡 기쁠 환
喜 기쁠 희　　在 있을 재　　頭 머리 두

【解說】

한 줄기 푸른 산은 경치가 그윽하더라. 저 땅은 옛사람이 가꾸던 밭인데 뒷사람들이 거두는 것이다. 뒷사람은 차지

했다 해서 기뻐하지 마라. 다시 거둘 사람은 뒤에 있느니라. 즉 재물이란 어떤 특정인에게 영구히 주어진 것이 아니라 덧없이 이 사람 저 사람에게로 돌고 돌아 옮겨 간다는 것을 표현한 것이다.

소동파왈 무고이득천금 불
蘇東坡曰 無故而得千金이면 **不**
유대복 필유대화
有大福이라 **必有大禍**이니라

【訓音讀】

蘇 깨어날 소　　坡 언덕 파　　故 연고 고

【解說】

소동파가 말하기를, "까닭없이 천금을 얻는 것은 큰 복이 있는 것이 아니라 큰 재앙이 있느니라."고 하셨다.

【註】

- 소동파(蘇東坡, 1036~1101) : 북송(北宋) 때의 문인으로 이름은 식(軾), 호는 동파(東坡)이며, 당송팔대가(唐宋八代家)의 한 사람이다.

康節邵先生(강절소선생)이 曰(왈) 有人(유인)이 來問(내문) 卜(복)하되 如何是禍福(여하시화복)고 我虧人是(아휴인시) 禍(화)이요 人虧我是福(인휴아시복)이니라

【訓音讀】

節 마디 절　　卜 점칠 복　　虧 어지러울 휴
是 이 시

【解說】

강절소 선생이 말하기를, "나에게 자기의 운수를 묻는 사람이 있으니 어떠한 것이 화와 복일고. 내가 남을 해롭게 하면 이것이 화(禍)요, 남이 나를 해롭게 하면 이것이 복이니라."고 하셨다.

大廈千間(대하천간)이라도 夜臥八尺(야와팔척)이요 良田萬頃(양전만경)이라도 日食二升(일식이승)이니라

【訓音讀】

廈 큰집하　　臥 누울와　　尺 자척

頃 백이랑경

【解說】

큰 집이 천 칸이라도 밤에 눕는 곳은 여덟 자뿐이요, 좋은 밭이 만 평이 있더라도 하루 두 되면 먹느니라.

구 주 영 인 천　빈 래 친 야 소
久住令人賤이요 **頻來親也疎**라
단 간 삼 오 일　상 견 불 여 초
但看三五日에 **相見不如初**라

【訓音讀】

住 살주　　賤 천할천　　頻 자주빈

疎 멀어질소

【解說】

오래 머물러 있으면 사람으로 하여금 천하게 여기고, 자주 오면 친하던 것도 멀어지느니라. 오직 사흘이나 닷새 만에 서로 보는 데도 처음 보는 것 같지 않느니라.

갈 시 일 적　여 감 로　취 후 첨 배
渴時一滴은 **如甘露**요 **醉後添盃**는
불 여 무
不如無니라

【訓音讀】

渴 목마를 갈　滴 물방울 적　甘 달 감
盃 잔 배

【解說】

목이 마른 때 한 방울의 물은 단이슬과 같고, 취한 후에 잔을 더하는 것은 안 먹는 것만 못하느니라.

주 불 취 인 인 자 취　색 불 미 인 인
酒不醉人人自醉요 **色不迷人人**
자 미
自迷니라

【訓音讀】

酒 술 주　醉 술 취할 취　迷 미혹할 미

【解說】

술이 사람을 취하게 하는 것이 아니라 사람이 스스로 취하는 것이요, 색이 사람을 미혹시키는 것이 아니라 사람이 스스로 미혹되는 것이다.

公心(공심)을 若比私心(약비사심)이면 何事不辨(하사불변)이며
道念(도념)을 若同情念(약동정념)이면 成佛多時(성불다시)니라

【訓音讀】

辨 분별할 변　　念 생각 념　　佛 부처 불

【解說】

공을 위하는 마음이 사를 위하는 마음에 비할 수 있다면 무슨 일이든지 옳고 그름을 가려 내지 못함이 없을 것이며, 도를 향하는 마음이 만약 남녀의 정을 생각하는 마음과 같다면 성불(成佛)한 지도 이미 오래일 것이니라.

염 계 선 생 왈 교 자 언 졸 자
濂溪先生曰 巧者言하고 拙者
묵 교 자 노 졸 자 일 교
默하며 巧者勞하고 拙者逸하며 巧
자 적 졸 자 덕 교 자 흉
者賊하고 拙者德하며 巧者凶하고
졸 자 길 오 호 천 하 졸
拙者吉하나니 嗚呼라 天下拙이면
형 정 철 상 안 하 순 풍
刑政이 徹하여 上安下順하며 風
청 폐 절
清弊絶이니라

【訓音讀】

濂 시내 이름 렴	溪 시내 계	拙 졸할 졸
默 침묵할 묵	逸 편안 일	巧 교묘할 교
賊 도적 적	嗚 탄식할 오	徹 뚫을 철
弊 폐단 폐		

【解說】

염계 선생이 말하기를, "교자(꾀 있는 사람)는 말을 잘하고 졸자(재주 없고 어리석은 사람)는 말이 없으며, 교자는 수고로우나 졸자는 한가하다. 교자는 패악하나 졸자는 덕성스러우며, 교자는 흉하고 졸자는 길하다. 아아! 천하가 졸하면 정치가 철저하여서 임금은 편안하고 백성은 잘

복종하며, 풍속은 맑고 나쁜 습관은 없어지느니라."고 하셨다.

【註】

- 염계 선생(濂溪先生) : 주돈이(周敦頤, 1017~1073)를 말하며, 자가 염계(濂溪)이다. 북송(北宋)의 유학자로 송학(宋學)의 시조로 불리며 「대극도설(大極圖說)」과 「통서(通書)」를 저술하였다.

역 왈 덕미이위존 지소
易에 曰 德微而位尊하고 智小
이모대 무화자선의
而謀大면 無禍者鮮矣니라

【訓音讀】

易 바꿀 역　　微 적을 미　　智 지혜 지
謀 꾀 모　　鮮 고울 선, 드물 선
矣 단정하는 어조사 의

【解說】

「주역」에 말하기를, "덕이 적은데 지위가 높으며 지혜가 없으면서 꾀하는 것이 크다면 화가 없는 자가 드물 것이니라."고 하였다.

【註】

- 주역(周易) : 삼역(三易)의 하나로 역경(易經)이라고도 하며 우주의 원리와 인간의 길흉 화복을 기록한 책으로 문왕(文王), 주공(周公), 공자(孔子)에 의해 대성한 역학(易學)이다.

설원 왈 관태어환성 병
說苑에 曰 官怠於宦成하고 病
가어소유 화생어해태 효
加於小癒하여 禍生於懈怠하고 孝
쇠어처자 찰차사자 신종
衰於妻子니 察此四者하여 愼終
여시
如始니라

【訓音讀】

苑 동산 원　　怠 게으를 태　　宦 벼슬 환
懈 게으를 해　　愼 삼갈 신

【解說】

「설원」에 말하기를, "다스리는 이의 도(道)는 지위가 성취되는 데서 게을러지고, 병은 조금 낫는 데서 더해지며, 재앙은 게으른 데서 생기고, 효도는 처자에서 흐려진다. 이 네 가지를 살펴서 나중에 삼가기를 처음과 같이 할지니라."고 하였다.

【註】

● 설원(說苑) : 전한(前漢) 때 유향(劉向)이 편찬한, 유명인들의 유문(遺聞) 일화(逸話)를 모은 책이다.

기 만 즉 일 인 만 즉 상
器滿則溢하고 **人滿則喪**이니라

【訓音讀】

器 그릇 기 溢 넘칠 일 喪 복입을 상

【解說】

그릇이 차면 넘치고 사람이 차면 이지러지느니라.

척 벽 비 보 촌 음 시 경
尺璧非寶요 **寸陰是競**이니라

【訓音讀】

尺 자 척 璧 구슬 벽 寸 마디 촌
競 다툴 경

【解說】

한 자 되는 둥근 구슬을 보배로 알지 않고 오직 짧은 시간을 귀중히 여길지니라.

양갱 수미 중구 난조 羊羹이 雖美나 衆口를 難調니라

【訓音讀】

羹 국 갱　　雖 비록 수　　衆 무리 중

調 고를 조

【解說】

양고기국이 비록 맛이 좋으나 뭇 사람의 입을 맞추기는 어려우니라.

익지서　운 백옥　투어니도
益智書에 云 白玉은 投於泥塗라도
불능오예기색　군자　행어
不能汚穢其色이요 君子는 行於
탁지　불능염란기심　고
濁地라도 不能染亂其心하나니 故
송백가이내설상　명지
로 松柏可以耐雪霜이요 明智는
가이섭위난
可以涉危難이니라

【訓音讀】

投 던질 투	塗 바를 도	穢 더러울 예
汚 더러울 오	染 물들 염	亂 어지러울 란
柏 잣나무 백	涉 교섭 섭	

【解說】

「익지서」에 이르기를, "흰 옥은 진흙 속에 던져도 그 빛을 더럽힐 수 없고, 군자는 혼탁(混濁)한 곳에 갈지라도 그 마음을 어지럽힐 수 없다. 그러므로 송백은 서리와 눈을 견디어 내고, 밝은 지혜는 위난(危難)을 능히 견뎌 내느니라."고 하였다.

입 산 금 호 이 개 구 고 인
入山擒虎는 易어니와 開口告人은
난
難이니라

【訓音讀】

擒 사로잡을 금　易 쉬울 이　告 고할 고

【解說】

산에 들어가 범을 잡기는 쉬우나, 입을 열어 남에게 고하기는 어려우니라.

원 수 불 구 근 화 원 친 불
遠水는 不救近火요 遠親은 不
여 근 린
如近隣이니라

【訓音讀】

遠 멀 원　救 구제할 구　親 친할 친
隣 이웃 린

【解說】

먼 곳의 물은 가까운 불을 끄지 못하고, 먼 곳의 일가 친

척은 가까운 이웃만 같지 못하느니라.

太公이 曰 日月이 雖明이나 不照覆盆之下하고 刀刃이 雖快나 不斬無之人하고 非災橫禍는 不入愼家之門이니라

【訓音讀】

照 비출 조　覆 엎을 복　盆 동이 분
刃 칼날 인　斬 벨 참　災 재앙 재
橫 가로 횡　愼 삼갈 신

【解說】

태공이 말하기를, "해와 달이 비록 밝으나 엎어놓은 동이의 밑은 비추지 못하고, 칼날이 비록 잘 드나 죄 없는 사람은 베지 못하고, 불의의 재앙은 조심하는 집 문에는 들지 못하느니라."고 하셨다.

太公(태공)이 曰(왈) 良田萬頃(양전만경)이 不如薄藝隨身(불여박예수신)이니라

【訓音讀】

田 밭 전　　薄 박할 박　　隨 따를 수

【解說】

태공이 말하기를, "좋은 논 일만 이랑이 있어도 박한 재주를 몸에 지닌 것만 같지 못하느니라."고 하셨다.

性理書(성리서)에 云(운) 接物之要(접물지요)는 己所不欲(기소불욕)을 勿施於人(물시어인)하고 行有不得(행유부득)이어든 反求諸己(반구제기)니라

【訓音讀】

接 접할 접　　施 베풀 시　　求 구할 구

諸 모든 제

【解說】

「성리서」에 이르기를, "사물을 접하는 요령은 자기가 하고자 하지 않는 것을 남에게 베풀지 말고, 행동이 얻지 못하는 것이 있거든 반성해 자기에게 원인을 생각해 보라." 고 하였다.

酒色財氣四堵墻(주색재기사도장)에 多少賢愚在內廂(다소현우재내상)이라 若有世人(약유세인)이 跳得出(조득출)이면 便是神仙不死方(변시신선불사방)이니라

【訓音讀】

堵 담 도	墻 담 장	廂 행랑 상
跳 뛸 조	仙 신선 선	方 방법 방

【解說】

술과 색과 재물과 기운의 네 가지로 쌓은 담 안에 수많은 어진 이와 어리석은 사람이 행랑에 들어 있다. 만약 그 누가 이곳을 뛰쳐 나올 수 있다면 그것은 곧 신선과 같이 죽지 아니하는 방법이니라.

13. 立教篇(입교편)

자왈 입신유의이효위본
子曰 立身有義而孝爲本이요

상사유례이애위본 전진유
喪祀有禮而哀爲本이요 戰陣有

열이용위본 치정유리이농
列而勇爲本이요 治政有理而農

위본 거국유도이사위본
爲本이요 居國有道而嗣爲本이요

생재유시이력위본
生財有時而力爲本이니라

【訓音讀】

喪 잃을 상　　祀 제사 사　　哀 슬플 애

戰 싸울 전　　陣 진칠 진　　理 다스릴 리

嗣 이을 사

【解說】

공자가 말씀하시기를, "입신함에 의가 있으니 효도가 그 근본이요, 상사(喪事)에 예가 있으니 슬퍼함이 그 근본이요, 싸움터에 질서가 있으니 용맹이 그 근본이 된다. 나라를 다스리는 데 이치가 있으니 농사가 그 근본이 되고, 나를 지키는 데 도가 있으니 계승이 그 근본이 되며, 재물을 생산함에 시기가 있으니 노력이 그 근본이 되느니라."고 하셨다.

경행록　　운　위정지요　　왈공
景行錄에 云 爲政之要는 曰公
여청　　　성가지도　　왈검여근
與淸이요 成家之道는 曰儉與勤
이니라

【訓音讀】

政 정사 정　　儉 검소할 검　　勤 부지런할 근

【解說】

「경행록」에 이르기를, "정사를 다스리는 데 긴요한 것은 공평하고 사사로운 욕심이 없이 깨끗이 하는 것이요, 집을 이루는 길은 낭비하지 아니하고 부지런한 것이니라." 고 하였다.

독서　　기가지본　　순리　　보
讀書는 起家之本이요 循理는 保
가지본　　근검　　치가지본
家之本이요 勤儉은 治家之本이요
화순　　제가지본
和順은 齊家之本이니라

【訓音讀】

起 일어날 기　　循 따를 순　　和 화목할 화

齊 가지런할 제

【解說】

글을 읽는 것은 집을 일으키는 근본이요, 이치에 따름은 집을 잘 보존하는 근본이요, 부지런하고 절약하여 낭비하지 아니하는 것은 집을 잘 처리하는 근본이요, 화목하고 순종하는 것은 집안을 잘 다스리는 근본이니라.

공자삼계도　운　일생지계
孔子三計圖에 云 一生之計는
재어유　일년지계　재어춘
在於幼하고 一年之計는 在於春하
일일지계　재어인　유이
고 一日之計는 在於寅이니 幼而
불학　노무소지　춘약불경
不學이면 老無所知요 春若不耕이
추무소망　인약불기　일
면 秋無所望이요 寅若不起면 日
무소판
無所辦이니라

【訓音讀】

計 계교 계　　幼 어릴 유　　寅 인시 인(3~5시)

耕 밭갈 경　　　　辦 힘쓸 판, 처리할 판

【解說】

공자의 「삼계도」에 이르기를, "일생의 계획은 어릴 때 있고, 일년의 계획은 봄에 있고, 하루의 계획은 새벽에 있다. 어려서 배우지 않으면 늙어서 아는 것이 없고, 봄에 밭을 갈지 않으면 가을에 바랄 것이 없으며, 새벽에 일어나지 않으면 그날의 할 일이 없다."고 하였다.

성리서　운 오교지목　부자유
性理書에 **云 五教之目**은 **父子有**
친　군신유의　부부유별
親하며 **君臣有義**하며 **夫婦有別**하
장유유서　붕우유신
며 **長幼有序**하며 **朋友有信**이니라

【訓音讀】

性 성품 성　　　親 친할 친　　　序 차례 서
朋 벗 붕

【解說】

「성리서」에 이르기를, "다섯 가지의 가르침 조목은 아버지와 자식 사이에는 서로 친함이 있어야 하며, 임금과 신하 사이에는 의가 있어야 하며, 남편과 아내 사이에는 분별이 있어야 하며, 어른과 어린이 사이에는 차례가 있어야 하며, 친구 사이에는 믿음이 있어야 하느니라."고 하였다.

삼강 군위신강 부위자강
三綱은 君爲臣綱이요 父爲子綱
부위부강
이요 夫爲婦綱이니라

【訓音讀】

綱 벼리 강　　爲 할 위　　夫 남편 부

【解說】

삼강이라는 것은, 임금은 신하의 본이 되고, 아버지는 자식의 본이 되며, 남편은 아내의 본이 되는 것이니라.

왕촉 왈 충신 불사이군
王蠋이 曰 忠臣은 不事二君이요
열녀 불경이부
烈女는 不更二夫니라

【訓音讀】

蠋 벌레 촉　　烈 매울 렬　　更 고칠 경

【解說】

왕촉이 말하기를, "충신은 두 임금을 섬기지 않고, 열녀는 두 지아비를 섬기지 않느니라."고 하셨다.

【註】

- 왕촉(王蠋) : 전국(戰國) 시대 제(齊)나라 사람으로 연(燕)나라에 패하자 항복하지 않고 자결(自決)하였다.

충자왈 치관 막약평 임재 막약렴

忠子曰 治官엔 **莫若平**이요 **臨財**엔 **莫若廉**이니라

【訓音讀】

治 다스릴 치　　官 벼슬 관　　臨 임할 림

廉 청렴할 렴

【解說】

충자가 말하기를, "벼슬을 다스림에는 공평한 것만 같지 못하고, 재물에 임함에는 청렴한 것과 같지 못하느니라."고 하셨다.

장 사 숙 좌 우 명　왈 범 어　필
張思叔座右銘에 曰 凡語를 必
충 신　범 행　필 독 경　음
忠信하며 凡行을 必篤敬하며 飮
식　필 신 절　자 획　필 해 정
食을 必愼節하며 字畫을 必楷正
용 모　필 단 장　의 관
하며 容貌를 必端莊하며 衣冠을
필 정 숙　보 리　필 안 상
必整肅하며 步履를 必安詳하며
거 처　필 정 정　작 사　필 모
居處를 必正靜하며 作事를 必謀
시　출 언　필 고 행　상 덕
始하며 出言을 必顧行하며 常德을
필 고 지　연 낙　필 중 응
必固持하며 然諾을 必重應하며
견 선 여 기 출　견 악 여 기 병
見善如己出하며 見惡如己病하라
범 차 십 사 자　개 아 미 심 성
凡此十四者는 皆我未深省이라
서 차 당 좌 우　조 석 시 위 경
書此當座右하여 朝夕視爲警하노라

【訓音讀】

座 자리 좌　銘 새길 명　楷 해서 해
肅 엄숙할 숙　履 밟을 리　詳 자세할 상

顧 돌아볼 고　　諾 허락할 낙　　應 응할 응
警 경계할 경

【解說】

장사숙「좌우명」에 말하기를, "무릇 말은 반드시 충성되고 믿음이 있어야 되며, 무릇 행실은 반드시 돈독하고 공경히 하며, 음식은 반드시 삼가고 알맞게 하며, 글씨는 반드시 똑똑하고 바르게 쓰며, 용모는 반드시 단정하고 엄숙히 하며, 의관은 반드시 정숙하며, 걸음걸이는 반드시 안전하고 똑바로 하며, 거처하는 곳은 반드시 바르고 정숙하게 하며, 일하는 것은 반드시 계획을 세워 시작하며, 말을 할 때는 반드시 그 실행 여부를 생각해서 하며, 평상시의 덕을 반드시 굳게 가지며, 일을 허락하는 것은 반드시 신중히 생각해서 응하며, 선을 보거든 자기에게서 나온 것같이 하며, 악을 보거든 자신의 병인 것같이 하라. 무릇 이 열네 가지는 모두 내가 아직 깊이 깨닫지 못한 것이다. 이를 자기의 오른쪽에 써 붙여 놓고 아침 저녁으로 보고 경계할 것이니라."고 하였다.

【註】

- 장사숙(張思叔) : 북송(北宋) 때의 학자로 성리학(性理學)의 대가 정이천(程伊川)의 제자이다.

범익겸좌우명 왈 일불언조
范益謙座右銘에 曰 一不言朝

정이해변보차제 이불언주현
廷利害邊報差除요 二不言州縣

관원장단득실 삼불언중인
官員長短得失이요 三不言衆人

소작과악지사 사불언사진관
所作過惡之事요 四不言仕進官

직추시부세 오불언재리다소
職趨時附勢요 五不言財利多少

염빈구부 육불언음설희만평
厭貧求富요 六不言淫媟戲慢評

론여색 칠불언구멱인물간
論女色이요 七不言求覓人物干

색주식 우인부서신 불가
索酒食이요 又人付書信을 不可

개탁침체 여인배좌 불가규
開坼沈滯요 與人拜坐에 不可窺

인사서 범인인가 불가간인
人私書요 凡人人家에 不可看人

문자 범차인물 불가손괴불
文字요 凡借人物에 不可損壞不

환 범끽음식 불가간택거
還이요 凡喫飮食에 不可揀擇去

취 여인동처 불가자택편리
取요 與人同處에 不可自擇便利

범인부귀 불가탄선저훼
요 凡人富貴를 不可歎羨詆毁니

범차수사 유범지자 족이견
凡此數事에 有犯之者면 足以見

용심지부정 어정심수신
用心之不正이라 於正心修身에

대유소해 인서이자경
大有所害라 因書以自警하노라

【訓音讀】

范 성 범　　廷 조정 정　　除 버릴 제
縣 고을 현　　媟 거만할 설　　慢 거만할 만
覓 찾을 멱　　索 찾을 색　　坼 터질 탁
沈 가라앉을 침　　滯 막힐 체　　窺 엿볼 규
壞 무너질 괴　　歎 탄식할 탄　　羨 부러울 선
詆 꾸짖을 저　　毁 헐 훼　　修 닦을 수

【解說】

범익겸 「좌우명」에 말하기를, “첫째, 조정에서의 이해와 변방으로부터의 보고와 관직의 임명에 대하여 말하지 말 것, 둘째, 주현의 관원의 장단과 득실에 대하여 말하지 말 것, 셋째, 여러 사람의 저지른 악한 일을 말하지 말며, 넷째, 벼슬에 나가는 것과 기회를 따라 권세에 아부하는 일에 대하여 말하지 말 것, 다섯째, 재리(財利)의 많고 적음이나 가난을 싫어하고 부를 구하는 것을 말하지 말며, 여섯째, 음란하고 난잡한 농지거리나 여색에 대한 평론을 말하지 말 것, 일곱째, 남의 물건을 탐내거나 주식(酒食)을 토색하는 것을 말하지 말 것, 그리고 남이 부치는 편지를 뜯어 보거나 지체시켜서는 안 되며, 남과 같이 앉아 있으면서 남의 사사로운 글을 엿보아서는 안 되며, 무릇 남의 집에 들어감에 남이 만든 글을 보지 말며, 남의 물건을 빌렸을 때 이것을 손상시키고 돌려보내선 안 된다. 무릇 음식을 먹음에 가려서 취하지 말며, 남과 같이 있으면서 스스로의 편리만을 가려서 취하지 마라. 무릇 남의 부하고 귀한 것을 부러워하거나 헐뜯지 마라. 무릇 이 몇 가지 일을 범하는 자가 있으면 넉넉히 그 마음 쓰는 것의 바르지 않음을 알 수 있으며 마음을 바르게 하고 몸을 닦는 데 크게 해되는 바가 있는지라. 이로 인하여 이 글을 써서 스스로 경계하노라."고 하였다.

무왕　문태공왈　인거세상
武王이 問太公曰 人居世上에
하득귀천빈부부등　원문설지
何得貴賤貧富不等고 願聞說之
욕지시의　태공　왈
하여 欲知是矣이로다 太公이 曰
부귀　여성인지덕　개유천
富貴는 如聖人之德하여 皆由天
명　부자　용지유절
命이어니와 富者는 用之有節하고
불부자　가유십도
不富者는 家有十盜니라

【訓音讀】

武 호반 무　　賤 천할 천　　慾 하고자 할 욕
德 큰 덕　　節 마디 절　　盜 도둑 도

【解說】

무왕이 태공에게 묻기를, "사람이 세상에 사는데 어찌하여 귀천과 빈부가 고르지 않습니까? 원컨대 말씀을 들어서 이를 알고자 합니다." 태공이 대답하기를, "부귀는 성인의 덕과 같아서 천명(天命)에 말미암거니와 부자는 쓰는 것이 절도가 있고, 부하지 못한 자는 집에 열 가지 도둑이 있나이다."고 하셨다.

【註】

- 무왕(武王) : 주(周)나라 문왕(文王)의 아들로 이름은 발(發)이다. 부왕(父王)의 유업을 계승하여 아우 단(但)과 협력하여 은(殷)나라 주왕(紂王)을 쳐서 멸망시키고 주왕조(周王朝)를 세웠다.

무왕 왈 하위십도 태공
武王이 曰 何謂十盜닛고 太公이
왈 시숙불수 위일도 수적
曰 時熟不收이 爲一盜요 收積
불료위이도 무사연등침수
不了爲二盜요 無事燃燈寢睡이
위삼도 용라불경 위사도
爲三盜요 慵懶不耕이 爲四盜요
불시공력 위오도 전행교해
不施功力이 爲五盜요 專行巧害
위육도 양녀태다 위칠도
이 爲六盜요 養女太多이 爲七盜
주면라기 위팔도 탐주기
요 晝眠懶起이 爲八盜요 貪酒嗜
욕 위구도 강행질투 위십
慾이 爲九盜요 强行嫉妬이 爲十
도
盜니다

【訓音讀】

熟 익을 숙	收 거둘 수	積 쌓을 적
了 마칠 료	燃 탈 연	燈 등 등
睡 졸음 수	慵 게으를 용	懶 게으를 라
晝 낮 주	嗜 즐길 기	嫉 질투할 질

【解說】

무왕이 말하기를, "무엇을 십도(十盜)라고 합니까?"
태공이 대답하기를, "곡식이 익은 것을 제때에 거둬 들이지 않는 것이 첫째의 도둑이요, 거두고 쌓는 것을 마치지 않는 것이 둘째 도둑이요, 일 없이 등불을 켜놓고 잠자는 것이 셋째의 도둑이요, 게을러서 밭을 갈지 않는 것이 넷째의 도둑이요, 공력을 들이지 않는 것이 다섯째의 도둑이요, 오로지 교활하고 해로운 일만 행하는 것이 여섯째의 도둑이요, 딸을 너무 많이 기르는 것이 일곱째의 도둑이요, 낮잠 자고 아침에 일어나기를 게을리하는 것이 여덟째의 도둑이요, 술을 탐하고 환락을 즐기는 것이 아홉째의 도둑이요, 심히 남을 시기하는 것이 열째의 도둑입니다."고 하셨다.

무왕 왈 가무십도이불부자
武王이 曰 家無十盜而不富者는
하여 태공 왈 인가 필
何如닛고 太公이 曰 人家에 必
유삼모 무왕 왈 하명삼모
有三耗니다 武王이 曰 何名三耗
태공 왈 창고루람불개
닛고 太公이 曰 倉庫漏濫不蓋하
서작난식 위일모 수종실
여 鼠雀亂食이 爲一耗요 收種失
시 위이모 포살미곡예천
時이 爲二耗요 抛撒米穀穢賤이
위삼모
爲三耗니다

【訓音讀】

太 클 태　耗 소모할 모　庫 곳간 고
鼠 쥐 서　雀 참새 작　亂 어지러울 란
抛 버릴 포　撒 뿌릴 살　賤 천할 천
穢 더러울 예　爲 위할 위

【解說】

무왕이 말하기를, "집에 십도(十盜)가 없고도 부유하지 못한 것은 어찌하여 그럽니까?" 태공이 말하기를, "그런 사람의 집에는 반드시 삼모(三耗)가 있을 것입니다." "무엇을 삼모라고 말합니까?" "창고가 뚫려 있는데도 가리지 않아 쥐와 새들이 어지러이 먹어대는 것이 첫째의 모(耗)요, 거두고 씨뿌림에 때를 놓치는 것이 둘째의 모요, 곡식을 퍼흘리고 더럽고 천하게 다루는 것이 셋째의 모입니다."고 하셨다.

무왕 왈 가무삼모이불부자
武王이 **曰 家無三耗而不富者**는

하여 태공 왈 인가 필
何如낫고 **太公**이 **曰 人家**에 **必**

유일착이오삼치사실오역육불
有一錯二誤三痴四失五逆六不

상칠노팔천구우십강 자초
祥七奴八賤九愚十强하여 **自招**

기화 비천강앙
其禍요 **非天降殃**이니다

【訓音讀】

耗 소모할 모　　誤 그르칠 오　　痴 어리석을 치

逆 거역할 역　　降 내릴 강　　招 초대할 초

殃 재앙 앙

【解說】

무왕이 묻기를, "집에 삼모도 없는데 부유하지 못한 것은 어찌하여 그럽니까?" 태공이 대답하기를, "그런 사람의 집에는 반드시 열 가지 나쁜 것이 있어서 그런 것이오니 그것은 첫째, 일을 그르친 것, 둘째, 일을 잘못 처리하는 것, 셋째, 바보스러운 것, 넷째, 매사에 실수하는 것, 다섯째, 인륜을 거역하는 처사, 여섯째, 상서롭지 못한 일, 일곱째 종[奴]의 행색을 하는 것, 여덟째, 천한 일을 하는 것, 아홉째, 어리석은 것, 열째, 지나치게 강한 것 등으로서 이런 일들은 스스로 그 화를 부르는 것이요. 하늘이 재앙을 내리는 것이 아닙니다."고 하셨다.

무왕 왈 원실문지 태
武王이 曰 願悉聞之하나이다 太
공 왈 양남불교훈 위일착
公이 曰 養男不敎訓이 爲一錯이
영해불훈 위이오 초영신
요 嬰孩不訓이 爲二誤요 初迎新
부불행엄훈 위삼치 미어선
婦不行嚴訓이 爲三痴요 未語先
소위사실 불양부모 위오
笑爲四失이요 不養父母이 爲五
역 야기적신 위육불상
逆이요 夜起赤身이 爲六不祥이요
호만타궁 위칠노 애기타마
好挽他弓이 爲七奴요 愛騎他馬
위팔천 끽타주권타인
이 爲八賤이요 喫他酒勸他人이
위구우 끽타반명붕우 위십
爲九愚요 喫他飯命朋友이 爲十
강 무왕 왈 심미성재
强이니다 武王이 曰 甚美誠哉라
시언야
是言也이여

【訓音讀】

願 원할 원　　悉 다 실　　嬰 어릴 영
孩 어릴 해　　迎 맞을 영　　嚴 엄할 엄

騎 말탈 기　　　勸 권할 권　　　愚 어리석을 우
喫 맛볼 끽

【解說】

무왕이 말하기를, "그 내용을 듣기를 원합니다." 태공이 대답하기를, "아들을 기르며 가르치지 않는 것이 첫째의 잘못이요, 어린 아이를 훈도하지 않는 것이 둘째의 그릇이요, 새 아내를 맞아들여서 엄하게 가르치지 않는 것이 셋째의 어리석음이요, 말하기 전에 웃기부터 먼저 하는 것이 넷째의 과실이요, 부모를 봉양하지 않는 것이 다섯째의 거스름이요, 밤에 알몸으로 일어나는 것이 여섯째의 상서롭지 못함이요, 남의 활을 당기기를 좋아하는 것이 일곱째의 상스러움이요, 남의 말을 타기를 좋아하는 것이 여덟째의 천함이요, 남의 술을 마시면서 다른 사람에게 권하는 것이 아홉째의 어리석음이요, 남의 밥을 먹으면서 벗에게 주는 것이 열째의 뻔뻔함이 되는 것입니다."고 하셨다.

무왕이 말하기를, "아아! 심히 아름답고 진실하도다. 그 말씀이여."라고 하셨다.

14. 治政篇(치정편)

명도선생 왈 일명지사구유
明道先生이 曰 一命之士苟有
존심어애물 어인 필유소
存心於愛物이면 於人에 必有所
제
濟니라

【訓音讀】

苟 진실로 구　物 만물 물　所 바 소

濟 건널 제

【解說】

명도 선생이 말하기를, "처음으로 벼슬을 얻은 사람이라도 진실로 물건을 사랑하는 데 마음을 쓴다면 남에게 반드시 도움을 받는 바가 있느니라."고 하셨다.

【註】

- 명도 선생(明道先生, 1032~1085) : 북송(北宋) 때의 대유학자로, 성은 정(程), 이름은 호(顥), 자는 백순(伯淳)이며, 호는 명도(明道)이다. 우주와 사람의 본성은 본래는 동일한 것이라고 주장한 사람이다.

당태종어제　운 상유휘지
唐太宗御製에 云 上有麾之하고
중유승지　하유부지　폐백
中有乘之하고 下有附之하여 幣帛
의지　창늠식지　이봉이록
衣之요 倉廩食之하니 爾俸爾祿이
민고민지　하민　이학
民膏民脂니라 下民은 易虐이어니와
상창　난기
上蒼은 難欺니라

【訓音讀】

宗 마루 종	製 지을 제	麾 두를 휘
幣 폐백 폐	帛 비단 백	廩 쌀곡간 늠
爾 너 이	俸 녹 봉	虐 사나울 학
蒼 푸를 창	欺 속일 기	

【解說】

당나라 태종이 어제에 이르기를, "위에는 일을 지시하는 이가 있고 중간에는 이에 의하여 다스리는 관원이 있고 그 아래에는 이에 따르는 백성이 있다. 예물로 받은 비단은 옷 지어 입고 곳간에 있는 곡식으로 먹는다. 너희의 복록은 다 백성들의 기름인 것이다. 아래에 있는 백성은 학대하기가 쉽지만 위에 있는 푸른 하늘은 속이기 어려우니라."고 하셨다.

【註】

● 당태종(唐太宗, 598~649) : 당(唐)나라 제2대 임금으로 이름은 이세민(李世民)이며, 아버지 이연(李淵)을 도와 수나라를 멸하고 당나라를 세웠다.

동몽훈 왈 당관지법 유유
童蒙訓에 **曰 當官之法**이 **唯有**
삼사 왈청왈신왈근 지차
三事하니 **曰淸曰愼曰勤**이라 **知此**
삼자 지소이지신의
三者면 **知所以持身矣**니라

【訓音讀】

童 아이 동　　蒙 어리석을 몽　　愼 삼갈 신
知 알 지

【解說】

「동몽훈」에 말하기를, "관리 된 자의 지켜야 할 법은 오직 세 가지가 있으니 청렴과 신중과 근면이다. 이 세 가지를 알면 몸가질 바를 아느니라."고 하였다.

【註】

- 동몽훈(童蒙訓) : 송(宋)나라 때 여본중(呂本中)이 어린 아이들을 가르치기 위해 지은 책이다.

당관자 필이폭노위계 사
當官者는 **必以暴怒爲戒**하여 **事**
유불가 당상처지 필무부
有不可어든 **當詳處之**면 **必無不**
중 약선폭노 지능자해
中이어니와 **若先暴怒**면 **只能自害**
기능해인
라 **豈能害人**이리요

【訓音讀】

暴 드러날 폭　　戒 경계할 계　　詳 상세할 세
豈 어찌 기　　能 능할 능

【解說】

관직에 있는 자는 반드시 심하게 성내는 것을 경계하라. 일에 옳지 않음이 있거든 마땅히 자상하게 처리하면 반드시 맞아들지 않는 것이 없으려니와 만약 성내기부터 먼저 한다면, 오직 자신을 해롭게 할 뿐이니라. 어찌 남을 해롭게 할 수 있으리요.

사 군 여 사 친 사 장 관 여 사
事君如事親하며 事長官을 如事

형 여 동 료 여 가 인 대
兄하며 與同僚를 如家人하며 待

군 리 여 노 복 애 백 성 여
羣吏를 如奴僕하며 愛百姓을 如

처 자 처 관 사 여 가 사 연 후
妻子하며 處官事를 如家事然後에

능 진 오 지 심 여 유 호 말 부 지
能盡吾之心이니 如有毫末不至면

개 오 심 유 소 미 진 야
皆吾心에 有所未盡也니라

【訓音讀】

同 같을 동	僚 동료 료	羣=群 무리 군
僕 종 복	盡 다할 진	毫 가는털 호
末 끝 말	皆 다 개	有 있을 유
也 어조사 야		

【解說】

임금을 섬기는 것을 어버이를 섬기는 것같이 하며, 윗사람 섬기기를 형을 섬기는 것같이 하며, 동료를 대하기를 자기 집 사람같이 하며, 여러 아전 대접하기를 자기 집 노복(奴僕)같이 하며, 백성 사랑하기를 처자같이 하며, 나라 일 처리하기를 내 집안일처럼 하고 난 뒤에야 능히 내 마음을 다했다 할 것이니라. 만약 털끝만큼이라도 이르지 못함이 있으면 모두 내 마음에 다하지 못한 바가 있기 때문이니라.

혹 문부 좌령자야 부욕소
惑이 問簿는 佐令者也니 簿欲所
위 영혹부종 내하 이
爲를 令惑不從이면 奈何닛고 伊
천선생 왈 당이성의동지
川先生이 曰 當以誠意動之니라
금령여부불화 변시쟁사의
今令與簿不和는 便是爭私意요
영 시읍지장 약능이사부
令은 是邑之長이니 若能以事父
형지도 사지 과즉귀기
兄之道로 事之하여 過則歸己하고
선즉유공불귀어령 적차성
善則唯恐不歸於令하여 積此誠
의 기유부동득인
意면 豈有不動得人이리요

【訓音讀】

簿 거느릴 부　　佐 도울 좌　　奈 어찌 내

伊 저 이

爭 다툴 쟁　　　積 쌓을 적　　　得 얻을 득

【解說】

어떤 사람이 묻기를, "부(簿)는 영(令)을 보좌하는 자입니다. 부가 하고자 하는 바를 영이 혹시 따르지 않는다면 어떻게 합니까?"

이천 선생이 대답하기를, "마땅히 성의로써 움직여야 할 것이니라. 이제 영과 부가 화목치 않은 것은 곧 사사로운 생각으로 다투는 것이니라. 영은 고을의 장관이니 만약 부형을 섬기는 도리로 섬겨서 잘못이 있으면 자기에게 돌리고 잘한 것은 영에게로 돌아가지 않을 것을 두려워해서 이와 같은 성의를 쌓는다면 어찌 사람을 움직이지 못함이 있으리요."라고 하셨다.

【註】

- 이천(伊川, 1033~1107) : 북송(北宋) 때의 학자로 도명(明道) 선생의 아우이며, 성은 정(程), 이름은 이(頤), 자는 정숙(正淑), 이천(伊川)은 호이다. 성리학(性理學)의 대가로 저서에는 역전(易傳)」·「어록(語錄)」 등이 있다.

유 안 례 문 림 민 명 도 선 생
劉安禮問臨民한대 **明道先生**이

왈 사 민 각 득 수 기 정
曰 使民으로 **各得輸其情**이니라

문 어 리 왈 정 기 이 격 물
問御吏한대 **曰 正己以格物**이니라

【訓音讀】

劉 성 유	輸 다할 수	情 뜻 정
己 몸 기	吏 관리 리	格 바를 격

【解說】

유안례가 백성에 임하는 도리를 물으니 명도 선생이 말하기를, "백성으로 하여금 각각 그들의 뜻을 펴게 할 것이니라." 아전을 거느리는 도리를 물으니, "자기를 바르게 함으로써 남을 바르게 할지니라."고 하셨다.

【註】

- 유안례(劉安禮) : 북송(北宋) 때의 사람으로 자는 원소(元素)이다.

포박자 왈 영부월이정간

抱朴子에 曰 迎斧鉞而正諫하며

거정확이진언 차위충신야

據鼎鑊而盡言이면 此謂忠臣也이

니라

【訓音讀】

抱 안을 포　斧 도끼 부　鉞 도끼 월

諫 간할 간　據 웅거 거　鼎 솥 정

鑊 가마 확

【解說】

「포박자」에 말하기를, "도끼로 맞더라도 바른길로 간하며, 솥에 넣어서 죽이려 하더라도 옳은 말을 다하면 충신이라 이르니라."고 하였다.

【註】

• 포박자(抱朴子) : 진(晋)나라 초기의 도가(道家)로 성은 갈(葛), 이름은 홍(洪). 포박자(抱朴子)는 호이다. 저서로 「포박자(抱朴子)」가 있다.

15. 治家篇(치가편)

사 마 온 공 왈 범 제 비 유 사 무 대
司馬温公이 **曰 凡諸卑幼事無大**
소 무 득 전 행 필 자 품 어 가
小요 **毋得專行**하고 **必咨禀於家**
장
長이니라

【訓音讀】

司 맡을 사　　卑 낮을 비　　專 오로지 전
咨 물을 자　　禀 품할 품　　毋 없을 무

【解說】

사마온공이 말하기를, "무릇 손아랫사람들은 일의 크고 작음을 가릴 것 없이 제멋대로 행동하지 말고 반드시 집안 어른께 여쭈어 보고서 해야 하느니라."고 하셨다.

대 객 부 득 불 풍 치 가 부
待客에 **不得不豐**이요 **治家**에 **不**
득 불 검
得不儉이니라

【訓音讀】

待 기다릴 대　　豊 풍년 풍　　治 다스릴 치

【解說】

손님 접대는 풍성하게 하지 않을 수 없으며, 살림살이는 검소하지 않을 수 없느니라.

태공 왈 치인 외부 현녀
太公이 **曰 痴人**은 **畏婦**고 **賢女**는
경부
敬夫니라

【訓音讀】

痴 어리석을 치　畏 두려울 외　敬 공경 경

【解說】

태공이 말하기를, "어리석은 사람은 아내를 두려워하고 어진 여자는 남편을 공경하느니라."고 하셨다.

범사노복 선념기한
凡使奴僕에 **先念飢寒**이니라

【訓音讀】

凡 무릇 범　僕 종 복　飢 주릴 기
寒 찰 한

【解說】

무릇 노복을 부리는 데는 먼저 그들의 춥고 배고픔을 생각할지니라.

자 효 쌍 친 락 가 화 만 사 성
子孝雙親樂이요 **家和萬事成**이니라

【訓音讀】

雙 쌍 쌍　　樂 즐거울 락　　事 일 사

成 이룰 성

【解說】

자식이 효도하면 두 어버이가 즐겁고, 집안이 화목하면 만사가 이루어지느니라.

시 시 방 화 발 야 야 비 적 래
時時防火發하고 **夜夜備賊來**니라

【訓音讀】

防 막을 방　　發 필 발　　夜 밤 야

備 갖출 비

【解說】

때때로 불이 나는 것을 막고 도적이 드는 것을 방지할지니라.

경 행 록 　 운 　 관 조 석 지 조 안
景行錄에 **云 觀朝夕之早晏**하여
가 이 복 인 가 지 흥 체
可以卜人家之興替니라

【訓音讀】

觀 볼 관　　晏 늦을 안　　興 흥할 흥
替 폐할 체

【解說】

「경행록」에 이르기를, "아침 일찍 일어나고 저녁에 늦게 자는 것을 보아 가히 그 사람의 집의 흥하고 쇠함을 알 수 있느니라."고 하였다.

문중자왈 혼취이논재 이로
文仲子曰 婚娶而論財는 **夷虜**
지도야
之道也이니라

【訓音讀】

婚 혼인할 혼　　娶 장가들 취　　夷 오랑캐 이

虜 오랑캐 로

【解說】

문중자가 말하기를, "혼인하고 장가드는 데 재물을 논하는 것은 오랑캐의 일이니라."고 하셨다.

【註】

- 문중자(文仲子) : 수(隋)나라 학자로 이름은 왕통(王通)이다. 육영에 힘썼으며 두여회(杜如晦), 위징(魏徵) 등 고명한 제자들이 있다.

16. 安義篇(안의편)

안 씨 가 훈 　왈 　부 유 인 민 이 후
顔氏家訓에 曰 夫有人民而後에

유 부 부 　유 부 부 이 후 　유 부
有夫婦하고 有夫婦而後에 有父

자 　유 부 자 이 후 　유 형 제
子하고 有父子而後에 有兄弟하니

일 가 지 친 　차 삼 자 이 이 의 　자
一家之親은 此三者而已矣라 自

자 이 왕 　지 우 구 족 　개 본 어
玆以往으로 至于九族이 皆本於

삼 친 언 　고 　어 인 륜 　위 중
三親焉이라 故로 於人倫에 爲重

야 　불 가 부 독
也니 不可不篤이니라

【訓音讀】

顔 얼굴 안	玆 이 자	往 갈 왕
族 겨레 족	故 연고 고	倫 인륜 륜
重 무거울 중	篤 도타울 독	

【解說】

「안씨 가훈」에 말하기를, "대저 백성이 있은 후에 부부가 있고, 부부가 있은 후에 부자가 있고, 부자가 있은 후에 형제가 있나니 한 집안의 친함은 이 세 가지뿐이니라. 이에서부터 나아가 구족에 이르기까지는 모두 이 삼친에 근본하는지라. 그러므로 인륜에 있어서 가장 중요한 것이니 돈독하게 아니하지 못할지니라."고 하였다.

【註】

- 안씨 가훈(顔氏家訓) : 제(齊)나라의 안지추(顔之推)가 지었으며 두 권으로 되어 있다.

莊子曰(장자왈) 兄弟(형제)는 爲手足(위수족)하고 夫婦(부부)는 爲衣服(위의복)이니 衣服破時(의복파시)엔 更得新(경득신)이어니와 手足斷處(수족단처)엔 難可續(난가속)이니라

【訓音讀】

衣 옷 의 服 옷 복 破 깨질 파
斷 끊을 단

【解說】

장자가 말씀하기를, "형제는 수족과 같고 부부는 의복과 같으니 의복이 떨어졌을 때는 새 것으로 갈아입을 수 있거니와 수족이 잘린 곳은 잇기가 어려우니라."고 하셨다.

소동파운 부불친혜빈불소
蘇東坡云 富不親兮貧不疎는
차시인간대장부 부즉진혜빈
此是人間大丈夫요 **富則進兮貧**
즉퇴 차시인간진소배
則退는 **此是人間眞小輩**니라

【訓音讀】

坡 언덕 파　　疎 성길 소　　丈 어른 장

輩 무리 배

【解說】

소동파가 이르기를, "부유하다고 친하지 않으며 가난하다고 멀리하지 않음이 이것이 바로 인간으로서의 대장부라 할 것이요, 부유하면 가까이하고 가난하면 멀리하는 것은 이는 곧 사람 중에서 참으로 마음이 작은 무리이니라."고 하셨다.

17. 遵禮篇(준례편)

자왈 거가유례고 장유변
子曰 居家有禮故로 長幼辨하고
규문유례고 삼족화 조정
閨門有禮故로 三族和하고 朝廷
유례고 관작서 전렵유례
有禮故로 官爵序하고 田獵有禮
고 융사한 군여유례고
故로 戎事閑하고 軍旅有禮故로
무공성
武功成이니라

【訓音讀】

遵 좇을 준　　辨 분별할 변　　閨 안방 규
爵 벼슬 작　　戎 종족 이름 융　　旅 나그네 려
功 공 공

【解說】

공자가 말씀하시기를, "한 집안에 예가 있으므로 어른과 어린이가 분별이 있고, 안방에 예가 있으므로 삼족이 화목하고, 조정에 예가 있으므로 벼슬의 차례가 있고, 사냥하는 데 예가 있으므로 군사 훈련이 숙달되고, 군대의 예가 있으므로 무공이 이루어지느니라."고 하셨다.

자왈 군자유용이무례 위란
子曰 君子有勇而無禮면 爲亂

소인 유용이무례 위도
하고 小人이 有勇而無禮면 爲盜

니라

【訓音讀】

勇 날랠 용　　亂 어지러울 난　　盜 도둑 도

【解說】

공자가 말씀하시기를, "군자가 용맹만 있고 예가 없으면 세상이 어지럽게 되고, 소인이 용맹만 있고 예가 없으면 도둑이 되느니라."고 하셨다.

증자왈 조정 막여작 향
曾子曰 朝廷엔 莫如爵이요 鄕

당 막여치 보세장민 막
黨엔 莫如齒요 輔世長民엔 莫

여덕
如德이니라

【訓音讀】

曾 일찍 증　　廷 조정 정　　黨 무리 당

輔 도울 보

【解說】

증자가 말씀하시기를, "조정에는 지위보다 좋은 것이 없고, 한 고을에는 나이가 많은 사람보다 나은 이 없으며, 나라일을 잘하고 백성을 다스리는 것에는 덕(德)만 한 것이 없느니라."고 하셨다.

【註】

- 증자(曾子, 506~?) : 춘추(春秋) 시대 노(魯)나라의 사상가로 이름은 삼(參)이다. 공자의 제자로 안자(顔子), 공자(孔子), 맹자(孟子)와 더불어 4대 성인으로 일컬어진다.

노소장유　천분질서　불가
老少長幼는 **天分秩序**이니 **不可**
패리이상도야
悖理而傷道也이니라

【訓音讀】

老 늙을 로　　秩 차례 질　　悖 어그러질 패

【解說】

노인과 젊은이, 어른과 어린이는 하늘이 정한 차례이니 이 이치를 어기고 도(道)를 상하게 하지 못하느니라.

출문여견대빈 입실여유인
出門如見大賓하고 **入室如有人**이니라

【訓音讀】

出 나갈 출 賓 손 빈 如 같을 여

【解說】

밖에 나설 때는 큰 손님을 대하는 것같이 하고, 방으로 들 때는 사람이 있는 것같이 하라.

약요인중아 무과아중인
若要人重我면 **無過我重人**이니라

【訓音讀】

若 만약 약 重 무거울 중

【解說】

만약 남이 나를 중하게 여김을 바란다면 내가 먼저 남을 중히 여겨야 하느니라.

부 불 언 자 지 덕　　자 부 담 부 지
父不言子之德이며 **子不談父之**
과
過니라

【訓音讀】

德 큰덕　　談 말씀 담　　過 허물 과

【解說】

아버지는 아들의 덕을 말하지 말 것이며, 자식은 어버이의 허물을 말하지 아니할지니라.

18. 言語篇(언어편)

劉會曰(유회왈) 言不中理(언부중리)면 不如不言(불여불언)이니라

【訓音讀】

會 모을 회　　言 말씀 언　　理 다스릴 리

【解說】

유회가 말하기를, "말이 이치에 맞지 않으면 말하지 아니함만 못하느니라."고 하셨다.

一言不中(일언부중)이면 千語無用(천어무용)이니라

【訓音讀】

中 가운데 중　　無 없을 무　　用 쓸 용

【解說】

한 마디 말이 맞지 않으면 천 마디 말이 쓸데없느니라.

군평 왈 구설자 화환지문
君平이 **曰 口舌者**는 **禍患之門**

멸신지부야
이요 **滅身之斧也**이니라

【訓音讀】

患 근심 환　　滅 멸할 멸　　斧 도끼 부

【解說】

군평이 말하기를, "입과 혀는 화와 근심의 근본이며, 몸을 망하게 하는 도끼와 같은 것이니 말을 삼가야 할지니라."고 하셨다.

【註】

- 군평(君平) : 전한(前漢) 무제(武帝) 때 사람으로 점술가이다.

利人之言(이인지언)은 煖如綿絮(난여면서)하고 傷人之語(상인지어)는 利如荊棘(이여형극)하여 一言半句(일언반구)가 重値千金(중치천금)이요 一語傷人(일어상인)에 痛如刀割(통여도할)이니라

【訓音讀】

綿 솜 면　　絮 솜 서　　荊 가시 형

棘 가시나무 극　　割 가를 할

【解說】

사람을 이롭게 하는 말은 따뜻하기가 솜과 같고, 사람을 상하게 하는 말은 날카롭기가 가시 같아서 한 마디 말이 무섭기가 천금과 같고, 한 마디 말이 사람을 중상함은 아프기가 칼로 베는 것과 같으니라.

구시상인부 언시할설도 폐
口是傷人斧요 言是割舌刀니 閉
구심장설 안신처처로
口深藏舌이면 安身處處牢니라

【訓音讀】

割 가를 할　　閉 닫을 폐　　藏 감출 장
舌 혀 설　　牢 굳을 로

【解說】

입은 사람을 상하게 하는 도끼요, 말은 혀를 베는 칼이니, 입을 막고 혀를 깊이 감추면 몸이 어느 곳에 있어도 편안할 것이니라.

봉인차설삼분화 미가전포일
逢人且說三分話하되 未可全抛一
편심 불파호생삼개구 지공
片心이니 不怕虎生三個口요 只恐
인정양양심
人情兩樣心이니라

【訓音讀】

逢 만날 봉　　抛 던질 포　　怕 두려울 파

樣 모양 양

【解說】

사람을 만나거든 말을 삼분(三分)하여 하되 자기가 지니고 있는 한 조각 마음을 다 버리지 말지니 호랑이의 세 입을 두려워하지 말고, 오직 사람의 두 마음을 두려워할지니라. 즉, 우리나라 속담에 열 길 물 속은 알아도 한 길 사람의 속은 모른다는 말대로, 상대방이 어떤 마음을 품고 있는지 모르기 때문에 말하기란 극히 조심스럽다는 뜻이다.

주봉지기천종소 화불투기일
酒逢知己千鍾少요 話不投機一

구다
句多니라

【訓音讀】

逢 만날 봉　　鍾 술잔 종　　機 베틀 기

【解說】

술은 나를 잘 아는 친구를 만나면 천 잔도 적고, 말은 뜻이 맞지 않으면 한 마디도 많으니라.

19. 交友篇(교우편)

자 왈 여 선 인 거 여 입 지 란 지
子曰 與善人居면 如入芝蘭之

실 구 이 불 문 기 향 즉 여 지
室하여 久而不聞其香하되 即與之

화 의 여 불 선 인 거 여 입 포 어
化矣요 與不善人居면 如入鮑魚

지 사 구 이 불 문 기 취 역 여
之肆하야 久而不聞其臭하되 亦與

지 화 의 단 지 소 장 자 적
之化矣니 丹之所藏者는 赤하고

칠 지 소 장 자 흑 시 이 군
漆之所藏者는 黑이라 是以로 君

자 필 신 기 소 여 처 자 언
子는 必愼其所與處者焉이니라

【訓音讀】

芝 지초 지	蘭 난초 란	鮑 생선 포
肆 가게 사	臭 냄새 취	愼 삼갈 신
處 곳 처	焉 어조사 언(의문이나 반어를 나타내는 말)	

【解說】

공자가 말씀하시기를, "착한 사람과 같이 살면 향기로운 지초와 난초가 있는 방 안에 들어간 것과 같아서 오래도록 그 냄새를 알지 못하나 곧 더불어 그 향기가 동화되고, 착하지 못한 사람과 같이 있으면 생선 가게에 들어간 것과 같아서 오래 그 나쁜 냄새를 알지 못하나 또한 더불어 동화되나니 붉은 것을 지니고 있으면 붉어지고 옷[漆]을 지니고 있으면 검어지느니라. 그러므로 군자는 반드시 그 있는 곳을 삼가야 하느니라."고 하셨다.

家語(가어)에 云(운) 與好人同行(여호인동행)이면 如霧中行(여무중행)하야 雖不濕衣(수불습의)라도 時時有潤(시시유윤)하고 與無識人同行(여무식인동행)이면 如厠中坐(여측중좌)하야 雖不汚衣(수불오의)라도 時時聞臭(시시문취)니라

【訓音讀】

霧 안개 무　聞 들을 문　濕 젖을 습
潤 젖을 윤　厠 뒷간 측　汚 더러울 오
臭 냄새 취

【解說】

「가어」에 이르기를, "학문을 좋아하는 사람과 동행한다면 마치 안개 속에 가는 것과 같아서 비록 옷은 적시지 않더라도 때때로 윤택함이 있고, 무식한 사람과 동행하면

마치 뒷간에 앉은 것 같아서 비록 옷은 더럽히지 않더라도 때때로 그 냄새가 맡아지느니라."고 하였다.

자왈 안평중 선여인교
子曰 晏平仲은 **善與人交**로다
구이경지
久而敬之온여

【訓音讀】

晏 늦을 안　　仲 버금 중　　敬 공경 경

【解說】

공자가 말씀하시기를, "안평중은 사람 사귀기를 잘한다. 오래도록 공경하니라."고 하셨다.

【註】

- 안평중(晏平仲) : 춘추(春秋) 시대 제(齊)나라의 재상으로 이름은 영(嬰), 평중은 자이다.

상식 만천하 지심능기인
相識이 **滿天下**하되 **知心能幾人**고

【訓音讀】

相 서로 상　　識 알 식　　幾 몇 기

【解說】

서로 얼굴을 아는 사람은 온 세상에 많이 있으되 마음을 아는 사람은 몇이나 되겠는고.

주식형제	천개유	급난지
酒食兄弟는	**千個有**로되	**急難之**

붕	일개무
朋은	**一個無**니라

【訓音讀】

急 급할 급　　難 어려울 난　　朋 벗 붕

【解說】

서로 술이나 음식을 함께 할 때에는 형이니 동생이니 하는 친구가 많으나, 급하고 어려운 일을 당하였을 때에 도와 줄 친구는 하나도 없느니라.

불결자화 휴요종 무의지
不結子花는 休要種이요 無義之
붕 불가교
朋은 不可交니라

【訓音讀】

結 맺을 결　義 의로울 의　朋 벗 붕
可 옳을 가

【解說】

열매를 맺지 않는 꽃은 심지 말고 의리 없는 친구는 사귀지 말지니라.

군자지교 담여수 소인지교
君子之交는 淡如水하고 小人之交
감약예
는 甘若醴니라

【訓音讀】

淡 맑을 담　甘 달 감　醴 단술 례

【解說】

군자의 사귐은 맑기가 물 같고, 소인의 사귐은 달콤하기가 단술 같으니라.

노요지마력 일구견인심
路遙知馬力이요 日久見人心이니라

【訓音讀】

路 길 로　　遙 멀 요　　知 알 지
久 오랠 구

【解說】

길이 멀어야 말의 힘을 알 수 있고, 시간이 오래 지나야만 사람의 마음을 알 수 있느니라.

20. 婦行篇(부행편)

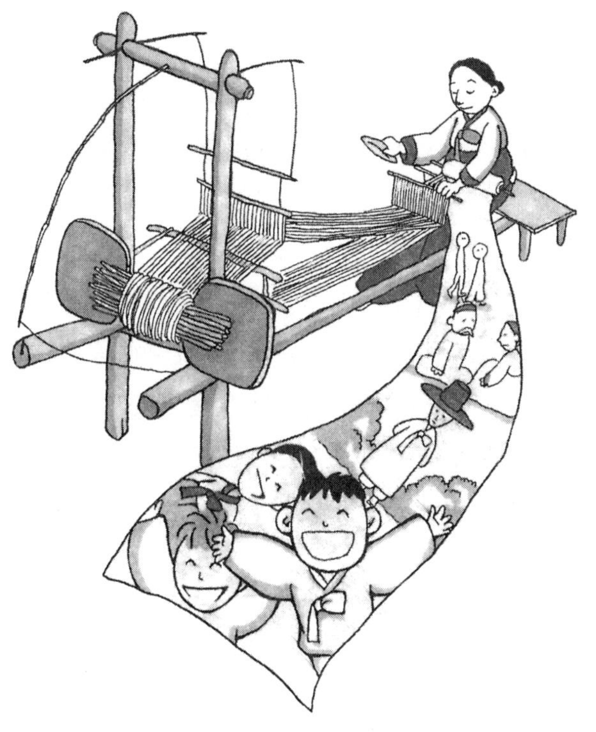

익지서 운 여유사덕지예
益智書에 **云 女有四德之譽**하니
일왈 부덕 이왈 부용 삼
一曰 婦德이요 **二曰 婦容**이요 **三**
왈 부언 사왈 부공야
曰 婦言이요 **四曰 婦工也**니라

【訓音讀】

益 더할 익　　智 슬기로울 지
譽 기릴 예　　容 얼굴 용

【解說】

「익지서」에 이르기를, "여자에게는 훌륭한 네 가지 덕의 아름다움이 있으니, 첫째는 부인으로서의 아름다운 덕이요, 둘째는 부인으로서의 얌전한 얼굴 모습이요, 셋째는 부인으로서의 얌전한 말이요, 넷째는 부인으로서의 좋은 솜씨를 말하느니라."고 하였다.

부 덕 자 　불 필 재 명 절 이 　부 용
婦德者는 **不必才名絶異**요 **婦容**
자 　불 필 안 색 미 려 　부 언 자
者는 **不必顔色美麗**요 **婦言者**는
불 필 변 구 리 사 　부 공 자 　불 필
不必辯口利詞요 **婦工者**는 **不必**
기 교 과 인 야
技巧過人也니라

【訓音讀】

才 재주 재　　異 다를 이　　麗 고울 려

【解說】

부덕이라는 것은 반드시 재주와 이름이 뛰어남을 말하는 것이 아니요, 부용이라는 것은 반드시 얼굴이 아름답고 고움을 말함이 아니요, 부언이라는 것은 반드시 입담이 좋고 말 잘하는 것이 아니요, 부공이라는 것은 반드시 손재주가 다른 사람보다 뛰어남을 말하는 것이 아니니라.

기 부 덕 자　청 정 렴 절　수 분
其婦德者는 清貞廉節하여 守分

정 제　행 지 유 치　동 정 유 법
整齊하고 行止有恥하야 動靜有法이

차 위 부 덕 야　부 용 자　세 완
니 此爲婦德也요 婦容者는 洗浣

진 구　의 복 선 결　목 욕 급 시
塵垢하여 依服鮮潔하여 沐浴及時하

일 신 무 예　차 위 부 용 야　부
여 一身無穢니 此爲婦容也요 婦

언 자　택 사 이 설　부 담 비 례
言者는 擇師而說하여 不談非禮하고

시 연 후 언　인 불 염 기 언　차
時然後言하여 人不厭其言이니 此

위 부 언 야　부 공 자　전 근 방 적
爲婦言也요 婦工者는 專勤紡績하

물 호 운 주　공 구 감 지　이
고 勿好暈酒하며 供具甘旨하여 以

봉 빈 객　차 위 부 공 야
奉賓客이니 此爲婦工也니라

【訓音讀】

貞 곧을 정	廉 청렴할 렴	齊 가지런할 제
塵 먼지 진	垢 때 구	穢 더러울 예
厭 싫을 염	紡 길쌈 방	暈 빚어낼 운

【解說】

부덕이라 함은 맑고 절개가 곧으며, 분수를 지키고, 몸가짐을 고르게 하고, 한결같이 얌전하게 행하고 행동을 조심하며, 행실을 법도에 맞게 하는 것이니 이것이 부덕이 되는 것이요, 부용이라 함은 먼지나 때를 깨끗이 빨아 옷차림을 정결하게 하며, 목욕을 제때에 하여 몸이 더러움이 없게 하는 것이니 이것이 부용이 되는 것이요, 부언이라 함은 말을 가려서 하며, 예의에 어긋나는 말을 하지 않고 꼭 해야 할 때에 말해서 사람들이 그 말을 싫어하지 않는 것이니 이것이 부언이 되는 것이요, 부공이라 함은 길쌈을 부지런히 하며, 술을 빚어 내기를 좋아하지 않고, 좋은 맛을 갖추어서 손님을 접대하는 것이니 이것이 부공이 되느니라.

此四德者는 **是婦人之所不可缺者**라 **爲之甚易**하고 **務之在正**하니 **依此而行**이면 **是爲婦節**이니라

(차사덕자는 시부인지소불가결자라 위지심이하고 무지재정하니 의차이행이면 시위부절이니라)

【訓音讀】

缺 이지러질 결　易 쉬울 이　務 힘쓸 무

依 의지할 의

【解說】

이 네 가지 덕은 부녀자로서 하나도 빠질 수 없는 것이니 행하기 매우 쉽고 힘씀이 바른 데 있으니, 이를 의지하여 행하여 나간다면 곧 부녀자로서의 범절이 되느니라.

태공 왈 부인지예 어필세
太公이 曰 婦人之禮는 語必細니라

【訓音讀】

太 클 태　　必 반드시 필　　細 가늘 세

【解說】

태공이 말하기를, "부인의 예절은 말이 반드시 곱고 가늘어야 하느니라."고 하셨다.

현부 영부귀 악부 영부천
賢婦는 令夫貴요 惡婦는 令夫賤이니라

【訓音讀】

賢 어질 현　　惡 모질 악　　賤 천할 천

【解說】

어진 부인은 남편을 귀하게 하고, 악한 부인은 남편을 천하게 하느니라.

가유현처　부부조횡화 **家有賢妻**면 **夫不遭橫禍**니라

【訓音讀】

遭 만날 조　　橫 가로 횡　　禍 재앙 화

【解說】

집에 어진 아내가 있으면 그 남편이 뜻밖의 화를 만나지 않으리라.

賢婦(현부)는 和六親(화육친)하고 佞婦(영부)는 破六親(파육친)이니라

【訓音讀】

佞 아첨할 녕 破 깨뜨릴 파 親 친할 친

【解說】

어진 부인은 육친을 화목하게 하고, 간악한 부인은 육친의 화목을 깨뜨리느니라.

21. 增補篇(증보편)

주역 왈 선부적 부족이성
周易에 曰 善不積이면 不足以成

명 악부적 부족이멸신
名이요 惡不積이면 不足以滅身이어

소인 이소선 위무익이
늘 小人은 以小善으로 爲无益而

불위야 이소악 위무상이
弗爲也하고 以小惡으로 爲无傷而

불거야 고 악적이불가엄
弗去也니라 故로 惡積而不可掩이

죄대이불가해
요 罪大而不可解이니라

【訓音讀】

增 더할 증	補 보충할 보	无 없을 무
掩 가릴 엄	可 옳을 가	解 풀 해

【解說】

「주역」에 말하기를, "선을 쌓지 않으면 족히 이름을 이룰 수 없을 것이요, 악을 쌓지 않으면족히 몸을 망치지 않거늘, 소인은 조그마한 선으로서는 이로움이 없다고 해서 행하지 않고 조그마한 악으로서는 해로움이 없다고 해서 버리지 않는다. 그러므로 악이 쌓이면 가히 없애지 못할 것이요, 죄가 크면 가히 풀지 못하느니라."고 하였다.

이상 견빙지 신시기군
履霜하면 **堅氷至**라 하니 **臣弑其君**

자시기부비일단일석지사
하며 **子弑其父非一旦一夕之事**이

기유래자점의
라 **其由來者漸矣**니라

【訓音讀】

履 밟을 리	霜 서리 상	冰 얼음 빙
弑 죽일 시	旦 아침 단	夕 저녁 석
漸 차차 점		

【解說】

서리를 밟으면 얼음이 다다른다 하니 신하가 그 임금을 죽이며, 자식이 그 아비를 죽이는 것이 하루 아침이나 하루 저녁에 이루어지는 일이 아니라 그 말미암음이 오래니라. 즉 얼음이 두껍고 굳게 언다는 것이 하루 아침에 이루어지는 것이 아니다. 그와 마찬가지로 신하가 임금을 죽이고 아들이 그 아비를 죽이는 불상사도 하루 이틀에 되는 것이 아니라 그 유래가 깊고 원인이 있다는 뜻이다.

22. 八反歌八首(팔반가팔수)

유 아 혹 리 아　　아 심　각 환 희
幼兒或詈我하면 我心에 覺懽喜

부 모 진 노 아　　아 심　반 불
하고 父母嗔怒我하면 我心에 反不

감　　일 희 환 일 불 감　　대 아 대
甘이라 一喜懽一不甘하니 待兒待

부 심 하 현　권 군 금 일 봉 친 노
父心何懸고 勸君今日逢親怒어든

야 응 장 친 작 아 간
也應將親作兒看이니라

【訓音讀】

詈 꾸짖을 리　　覺 깨달을 각　　懽 기쁠 환
嗔 성낼 진　　待 대접할 대　　懸 달 현
勸 권할 권

【解說】

어린 아이가 혹 나를 꾸짖으면 나는 마음에 기쁨을 깨달고, 아버지와 어머니가 나를 꾸짖고 성을 내면 나의 마음에 도리어 좋게 여겨지지 않느니라. 하나는 기쁘고 하나는 좋지 아니하니 아이를 대하는 마음과 어버이를 대하는 마음이 어찌 그다지도 현격한고. 그대에게 권고하노니, 지금 어버이에게 꾸지람을 듣거든 반드시 자기의 어린 자식에게 꾸지람을 들을 때와 같이 하라.

兒曹(아조)는 出千言(출천언)하되 君聽常不厭(군청상불염)하고 父母(부모)는 一開口(일개구)하면 便道多閑管(편도다한관)이라 非閑管親掛牽(비한관친괘견)이라 皓首白頭(호수백두)에 多諳諫(다암간)이라 勸君敬奉老人言(권군경봉노인언)하고 莫教乳口爭長短(막교유구쟁장단)하라

【訓音讀】

曹 무리 조　　厭 싫을 염　　閑 한가할 한

掛 걸 괘　　牽 끌 견　　皓 흴 호

乳 젖 유　　爭 다툴 쟁

【解說】

어린 자식들은 여러 가지 말을 하되 그대가 듣기에 늘 싫어하지 않고, 어버이는 한 번 말을 하여도 잔소리가 많다고 하느니라. 부질없이 살핌이 아니라 어버이는 근심이 되어 그리 하느니라. 흰머리가 되도록 긴 세월에 아는 것이 많으니라. 그대에게 노인의 말을 공경하여 받들고 젖 냄새나는 입으로 길고 짧음을 다투지 말 것을 권하노라.

유아뇨분예 군심 무염기
乳兒尿糞穢는 君心에 無厭忌로되

노친체타영 반유증혐의
老親涕唾零에 反有憎嫌意니라

육척구래하처 부정모혈성여
六尺軀來何處요 父精母血成汝

체 권군경대노래인 장시
體라 勸君敬待老來人하라 壯時

위이근골폐
爲爾筋骨敝니라

【訓音讀】

涕 눈물 체　　唾 침 타　　軀 몸 구
血 피 혈　　筋 힘줄 근　　骨 뼈 골
敝 해질 폐

【解說】

어린 아이의 오줌과 똥 같은 더러운 것은 그대 마음에 싫어함이 없고, 늙은 어버이의 눈물과 침이 떨어지는 것은 도리어 미워하고 싫어하는 뜻이 있느니라. 여섯 자나 되는 몸이 어디서 왔는고. 아버지의 정기와 어머니의 피로 그대의 몸이 이루어졌느니라. 그대에게 권하노니, 늙어가는 사람을 공경하여 대접하라. 젊었을 때 그대를 위하여 살과 뼈가 닳도록 애를 쓰셨느니라.

간 군 신 입 시 매 병 우 매 고
看君晨入市하여 買餅又買餻하니

소 문 공 부 모 다 설 공 아 조
少聞供父母하고 多說供兒曹라

친 미 담 아 선 포 자 심 불 비
親未啖兒先飽하니 子心이 不比

친 심 호 권 군 다 출 매 병 전
親心好라 勸君多出買餅錢하여

공 양 백 두 광 음 소
供養白頭光陰少하라

【訓音讀】

晨 새벽 신　餅 떡 병　餻 떡 고
啖 먹을 담　飽 배부를 포　陰 그늘 음

【解說】

그대가 새벽에 가게에 들어가서 떡을 사는 것을 보는데 부모에게 드린다는 것은 별로 듣지 못하고 흔히 자식들에게 준다는 말을 들었다. 어버이는 아직 씹지도 아니하였는데 자식은 먼저 배부르니, 자식의 마음은 부모의 마음이 좋아하는 것에 비하지 못하리라. 그대에게 권하노니 떡을 살 돈을 많이 내서 늙은 어버이가 살 날이 얼마 남지 아니하였으니 잘 받들어 봉양하라.

시간매약사　유유비아환
市間賣藥肆에 惟有肥兒丸하고
미유장친자　하고양반간
未有壯親者하니 何故兩般看고
아역병친역병　의아불비의친
兒亦病親亦病에 醫兒不比醫親
증　할고　환시친적육
症이라 割股라도 還是親的肉이니
권군극보쌍친명
勸君亟保雙親命하라

【訓音讀】

肆 가게 사　　肥 살찔 비　　壯 씩씩할 장
症 증세 증　　割 벨 할　　股 다리 고

【解說】

시장에 있는 약 파는 가게에 오직 아이를 살찌게 하는 약은 있고 어버이를 튼튼하게 하는 약은 없으니 무슨 까닭으로 이 두 가지를 보는고. 아이도 병들고 어버이도 병들었을 때 아이의 병을 고치는 것이 어버이의 병을 고치는 것에 비하지 못할 것이니라. 다리를 베더라도 두루 어버이의 살이니 그대에게 권하노니 빨리 두 어버이의 목숨을 극진히 안전하게 보호하라.

부 귀 양 친 이 친 상 유 미 안
富貴엔 養親易로되 親常有未安

빈 천 양 아 난 아 불 수
하고 貧賤엔 養兒難하되 兒不受

기 한 일 조 심 양 조 로 위 아
饑寒이라 一條心兩條路에 爲兒

종 불 여 위 부 권 군 양 친 여 양
終不如爲父라 勸君兩親은 如養

아 범 사 막 추 가 불 부
兒하고 凡事를 莫推家不富하라

【訓音讀】

貴 귀할 귀 易 쉬울 이 饑 주릴 기
條 가지 조 終 마침 종 養 기를 양
推 밀 추

【解說】

부하고 귀하면 어버이를 봉양하기 쉬우나 항상 어버이는 미안한 마음이 있고, 가난하고 천하면 아이를 기르기 어려우나 아이는 배고프고 추운 것을 받지 않는다. 한 가지 마음과 두 가지 길에 아들을 위함이 마침내 어버이를 위함만 같지 못하느니라. 권하노니 그대는 두 어버이 섬기기를 아이를 기르는 것과 같이 하고 모든 일이 집이 넉넉하지 못하다고 미루지 말 것이니라.

養親(양친)엔 只有二人(지유이인)이로되 常與兄弟(상여형제)
爭(쟁)하고 養兒(양아)엔 雖十人(수십인)이나 君皆(군개)
獨自任(독자임)이라 兒飽煖親常問(아포난친상문)하되 父(부)
母饑寒不在心(모기한부재심)이라 勸君養親(권군양친)을
須竭力(수갈력)하라 當初衣食(당초의식)이 被君侵(피군침)이
니라

【訓音讀】

雖 비록 수　　獨 홀로 독　　任 맡을 임
飽 배부를 포　　饑 주릴 기　　須 모름지기 수
竭 다할 갈

【解說】

어버이를 받들고 섬기기에는 다만 두 사람인데 늘 형과 동생이 서로 다투고, 아이를 기름에는 비록 열 사람이나 된다 하더라도 모두 자기 혼자 맡느니라. 아이가 배부르고 따뜻한 것은 어버이가 늘 물으나, 어버이의 배고프고 추운 것은 마음에 두지 아니하느니라. 그대에게 권하노니, 어버이를 받들고 섬기기에 모름지기 힘을 다하라. 당

초에 입는 것과 먹는 것을 그대에게 빼앗겼느니라.

親有十分慈(친유십분자)하되 君不念其恩(군불념기은)하고
兒有一分孝(아유일분효)하되 君就揚其名(군취양기명)이라
待親暗待兒明(대친암대아명)하니 誰識高堂養(수식고당양)
子心(자심)하고 勸君漫信兒曹孝(권군만신아조효)하라 兒(아)
曹親子在君身(조친자재군신)이니라

【訓音讀】

慈 사랑할 자	念 생각할 념	就 나아갈 취
侵 침노할 침	漫 아득할 만	信 믿을 신

【解說】

어버이는 지극히 그대를 사랑하나 그대는 그 은혜를 생각하지 아니하고, 자식이 조금이라도 효도함이 있으면 그대는 곧 그 이름을 빛내려 한다. 어버이를 대접하는 것은 어둡고, 자식을 대하는 것은 밝으니 누가 어버이의 자식 기르는 마음을 알 것이요, 그대에게 권하노니 부질없이 아이들의 효도를 믿지 마라. 그대는 아이들의 어버이도 또 부모의 자식도 되는 것을 알아야 할지니라.

23. 孝行篇(효행편) 續

손순 가빈 여기처 용작
孫順이 家貧하여 與其妻로 傭作

인가이양모 유아매탈모식
人家以養母할새 有兒每奪母食이

순 위처왈 아탈모식
라 順이 謂妻曰 兒奪母食하니

아 가득 모난재구
兒는 可得이어니와 母難再求라 하고

내부아왕귀취산북교 욕매
乃負兒往歸醉山北郊하여 欲埋

굴지 홀유심기석종 경
掘地러니 忽有甚奇石鐘이어늘 驚

괴시당지 용용가애 처왈
怪試撞之하니 舂容可愛라 妻曰

득차기물 태아지복 매지
得此奇物은 殆兒之福이라 埋之

불가 순 이위연 장아
不可라 하니 順이 以爲然하여 將兒

여종환가 현어량당지 왕
與鐘還家하여 懸於樑撞之러니 王

문종성 청원이상이핵문기
이 聞鍾聲이 淸遠異常而覈聞其

실 왈 석 곽거매자 천사
實하고 曰 昔에 郭巨埋子엔 天賜

금부 금손순 매아 지출
金釜러니 今孫順이 埋兒엔 地出

석종 전후부동 사가
石鐘하니 **前後符同**이라 하고 **賜家**

일구 세급미오십석
一區하고 **歲給米五十石**하니라

【訓音讀】

傭 품팔이 용
撞 칠 당
覈 핵실 핵
給 줄 급
醉 취할 취
舂 절구질할 용
賜 줄 사
米 쌀 미
掘 팔 굴
樑 대들보 량
符 들어맞을 부

【解說】

손순이 집이 가난하여 그의 아내와 더불어 남의 집에 머슴살이를 하여 그 어머니를 봉양하는데, 아이가 있어 언제나 어머니의 잡수시는 것을 뺐는지라 순이 아내에게 일러 말하기를, 아이가 어머니의 잡수시는 것을 빼앗으니 아이는 또 얻을 수 있거니와 어머니는 다시 구하기 어려우니라, 하고 마침내 아이를 업고 취산 북쪽 기슭으로 가서 묻으려고 땅을 파더니 문득 심히 이상한 석종이 있거늘 놀랍고 이상하게 여기어 시험삼아 두드려 보니 울리는 소리가 아름답고 사랑스러운지라 아내가 말하기를, 이 기이한 물건을 얻은 것은 아이의 복이니 땅에 묻는 것은 옳지 못하니라. 순도 그렇게 생각해서 아이를 데리고 종을 가지고 집으로 돌아와서 대들보에 달고 이것을 울렸더니 임금이 그 종소리를 듣고 맑고 늠름함을 이상하게 여기시어 그 사실을 자세히 물어서 알고 말하기를, 옛적에 곽거가 아들을 묻을 때엔 하늘이 금으로 만든 솥을 주시었더니 이제 손순이 아들을 묻음에는 땅에서 석종이 나왔으니 앞과 뒤가 서로 꼭 맞는다 말씀하시고, 집 한 채를 주시고 해마다 쌀 오십 석을 주셨느니라.

【註】

- 손순(孫順) : 경주 손씨(慶州 孫氏)의 시조(始祖)로 신라(新羅) 42대 홍덕왕(興德王) 때 신라 3기(三器)의 하나인 석종(石鐘)을 얻은 효자이다.
- 곽거(郭巨) : 중국(中國) 24효(孝)의 한 사람.

상덕 치년황려역 부모기
尙德은 値年荒癘疫하여 父母飢

병빈사 상덕 일야불해의
病瀕死라 尙德이 日夜不解衣하고

진성안위 무이위양즉규비
盡誠安慰하되 無以爲養則刲髀

육식지 모발옹 윤지즉유
肉食之하고 母發癰에 吮之即癒라

왕 가지 사뢰심후 명정
王이 嘉之하여 賜賚甚厚하고 命旌

기문 입석기사
其門하고 立石紀事하니라

【訓音讀】

癘 질병 려　　疫 질병 역　　瀕 물가 빈

髀 다리폐 비　　癰 종기 옹　　吮 빨 윤

癒 병 나을 유

【解說】

상덕은 흉년과 열병이 유행하는 때를 만나서 아버지와 어머니가 굶주리어 죽게 된지라, 상덕이 낮이나 밤이나 옷을 풀지 않고 정성을 다하여 안심을 하도록 위로하였으되 봉양할 것이 없으므로 넓적다리 살을 베어 잡수시도록 하고, 어머니가 종기가 나서 입으로 빨아서 곧 낫게 하니라. 임금께서 이 말을 들으시고 어여삐 여겨 물건을 후하게 내리시고, 그 집에 정문을 세울 것을 명하시어 비석을 세워 이 일을 기록케 하니라.

【註】

- 상덕(尙德) : 신라(新羅) 때 사람으로 효성이 지극하였다.

도 씨 가 빈 지 효 매 탄 매 육
都氏家貧至孝라 賣炭買肉하여

무 궐 모 찬 일 일 어 시
無闕母饌이러라 一日은 於市에

만 이 망 귀 연 홀 확 육 도
晩而忙歸러니 鳶忽攫肉이어늘 都

비 호 지 가 연 기 투 육 어 정
悲號至家하니 鳶旣投肉於庭이러라

일 일 모 병 색 비 시 지 홍 시 도
一日母病索非時之紅柿어늘 都

방 황 시 림 불 각 일 혼 유
彷徨柿林하야 不覺日昏이러니 有

호 루 차 전 로 이 시 승 의 도
虎屢遮前路하고 以示乘意라 都

승 지 백 여 리 산 촌 방 인 가 투
乘至百餘里山村하여 訪人家投

숙 아 이 주 인 궤 제 반 이 유
宿이러니 俄而主人이 饋祭飯而有

紅柿(홍시)라 都喜問柿之來歷(도희문시지래역)하고 且述己意(차술기의)한대 答曰(답왈) 亡父嗜柿(망부기시) 故(고)로 每秋擇柿二百個(매추택시이백개)하여 藏諸窟中(장제굴중)而至此五月則完者不過七八(이지차오월즉완자불과칠팔)이라가 今得五十個完者(금득오십개완자) 故(고)로 心異之(심이지)러니 是天感君孝(시천감군효)라 하고 遺以二十顆(유이이십과)어늘 都謝出門外(도사출문외)하니 虎尙俟伏(호상사복)이라 乘至家(승지가)하니 曉鷄喔喔(효계악악)이러라 後(후)에 母以天命(모이천명)으로 終(종)에 都有血淚(도유혈루)러라

【訓音讀】

炭 숯 탄	闕 빠뜨릴 궐	鳶 소리개 연
索 찾을 색	彷 방황할 방	徨 방황할 황
遮 막을 차	饋 먹일 궤	嗜 즐길 기
窟 굴 굴	顆 낱알 과	俟 기다릴 사

喔 닭우는 소리 악

【解說】

도씨는 집이 가난하나 효성이 지극하였다. 숯을 팔아 고기를 사서 어머니의 반찬을 빠짐없이 하였느니라. 하루는 장에서 늦게 바삐 돌아오는데 소리개가 고기를 채 가거늘 도씨가 슬피 울며 집에 돌아와 보니 소리개가 벌써 고기를 집 안뜰에 던져 놓았더라. 하루는 어머니가 병이 나서 때아닌 홍시를 찾거늘 도씨가 감나무 수풀에 가서 방황하여 저문 것도 모르고 있으려니 호랑이가 있어 앞길을 가로막으며 타라고 하는 뜻을 나타내는지라, 도씨가 타고 백여 리나 되는 산 동네에 이르러 사람 사는 집을 찾아 잠을 자려고 하였더니 얼마 안 되어서 주인이 제사밥을 차려 주는데 홍시가 있는지라. 도씨가 기뻐하여 감의 내력을 묻고 또 그의 뜻을 말하였더니 대답하여 말하기를, 돌아가신 아버지가 감을 즐기시므로 해마다 가을에 감을 이백 개를 가려서 모두 굴 안에 감추어 두는데 오월에 이르면 상하지 않은 것이 7, 8개에 지나지 아니하였는데 지금 쉰 개의 상하지 아니한 것을 얻었으므로 마음속에 이상스럽게 여겼더니 이것은 곧 하늘이 그대의 효성에 감동한 것이라, 하고 스무 개를 내어 주거늘 도씨가 감사의 뜻을 말하고 문 밖에 나오니 호랑이는 아직도 누워서 기다리고 있는지라. 호랑이를 타고 집에 돌아오니 새벽 닭이 울더라. 뒤에 어머니가 천병으로 돌아가시매 도씨는 피눈물을 흘리더라.

【註】

● 도씨(都氏) : 이조(李朝) 철종(哲宗) 때 사람.

24. 廉義篇(염의편)

인관 매면어시 유서조자이
印觀이 賣綿於市할새 有署調者以

곡매지이환 유연 확기면
穀買之而還이러니 有鳶이 攫其綿

타인관가 인관 귀우서
하여 墮印觀家어늘 印觀이 歸于署

조왈 연타여면어오가 고
調曰 鳶墮汝綿於吾家라 故로

환여 서조왈 연 확면여
還汝하노라 署調曰 鳶이 攫綿與

여 천야 오하위수 인관
汝는 天也라 吾何爲受리요 印觀

왈 연즉환여곡 서조왈 오
曰 然則還汝穀하리라 署調曰 吾

여여자시이일 곡이속여의
與汝者市二日이니 穀已屬汝矣이

이인 상양 병기어시
라고 二人이 相讓이라가 幷棄於市하

장시관 이문왕 병사작
니 掌市官이 以聞王하여 並賜爵하

니라

【訓音讀】

廉 청렴할 렴 印 도장 인 綿 솜 면

穀 곡식 곡 屬 붙일 속 棄 버릴 기

掌 맡을 장　　　賜 줄 사

【解說】

인관이 시장에서 솜을 파는데 서조라는 사람이 곡식으로 써 사 가지고 돌아가더니 소리개가 있어 그 솜을 채 가지고 인관의 집에 떨어뜨렸다. 인관이 서조에게 돌려보내고 말하기를, "소리개가 그대의 솜을 내 집에 떨어뜨렸으므로 그대에게 돌려보낸다." 하니 서조가 말하기를, "소리개가 솜을 채다가 그대를 준 것은 하늘이 한 것이다. 내가 어찌 받을 수 있겠는가?" 하니 인관이 말하기를, "그렇다면 그대의 곡식을 돌려보내리라." 서조가 말하기를, "내가 그대에게 준 지가 벌써 두 장이 되었으니 곡식은 이미 너에게 속한 것이니라." 해서 두 사람이 서로 사양하다가 솜과 곡식을 다 함께 시장에 버렸다. 시장을 맡아 다스리는 관원이 이 사실을 임금께 아뢰어서 다같이 벼슬을 주었느니라.

【註】

- 인관(印觀)과 서조(署調) : 신라 때 사람들로 청렴하고 의리 있는 사람들이라 전해지고 있다.

홍기섭 소빈심무료 일일
洪基燮이 少貧甚無料러니 一日

조 비아용약헌칠양전왈 차재
早에 婢兒踊躍獻七兩錢曰 此在

정중 미가수석 시가수태
鼎中하니 米可數石이요 柴可數駄니

천사 공 경왈 시하금 즉
天賜니다 公이 驚曰 是何金고 即

서실금인추거등자 부지문미
書失金人推去等字하여 付之門楣

이대 아이성유자래문서의
而待러니 俄而姓劉者來問書意어늘

공 실언지 유왈 이무실금
公이 悉言之한대 劉曰 理無失金

어인지정내 과천사야 합취
於人之鼎內하니 果天賜也라 盍取

지 공 왈 비오물 하 유
之닛고 公이 曰 非吾物에 何오 劉

부복왈 소적 작야 위절정래
俯伏曰 小的이 昨夜에 爲竊鼎來

환린가세소조이시지 금
가라 還憐家勢簫條而施之러니 今

감공지염개 양심자발 서
感公之廉价하고 良心自發하여 誓

불경도 원욕상대 물려취
不更盜하고 願欲常待하나니 勿慮取

지 공 즉환금왈 여지위양
之하소서 公이 即還金曰 汝之爲良

즉선의 금불가취 종불수
則善矣나 金不可取라 하고 終不受

후 공 위판서 기자재
러라 後에 公이 爲判書하고 其子在

용 위헌종국구 유역견신
龍이 爲憲宗國舅하며 劉亦見信하여

신가대창
身家大昌하니라

【訓音讀】

燮 불꽃 섭	婢 계집종 비	獻 바칠 헌
鼎 솥 정	柴 섶나무 시	駄 짐실을 태
楣 인중방 미	悉 다 실	俯 구부릴 부
竊 도둑 절	蕭 쑥 소	价 청녕할 개
誓 맹세 서	舅 외삼촌 구	憲 법 헌
信 믿을 신	昌 창성할 창	

【解說】

홍기섭이 젊었을 때 심히 가난하여 말할 수 없더니 하루는 아침에 어린 계집종이 기쁜 듯이 뛰어와서 돈 일곱 냥을 바치며 말하기를, "이것이 솥 속에 있습니다. 이만하면 쌀이 몇 섬이요. 나무가 몇 바리입니다. 참으로 하느님이 주신 것입니다." 공이 놀라서 말하기를, "이것이 어찌

된 돈인고?" 하고 돈 잃은 사람은 와서 찾아가라는 글을 써서 대문에 붙였다. 이윽고 얼마 아니되어 유(劉)가라는 사람이 찾아와 글 뜻을 물었다. 공은 하나도 빠짐없이 사실을 말해 들려 주었다. 유가가 말하기를, "남의 솥 속에다 돈을 잃을 리가 없습니다. 참으로 하늘이 주신 것인데 왜 취하지 않으시는 것입니까?" 공이 말하기를, "나의 물건이 아닌데 어찌 가질 것이오." 유가가 꿇어 엎드리며 말했다. "소인이 어젯밤 솥을 훔치러 왔다가 도리어 가세(家勢)가 너무 쓸쓸한 것을 불쌍히 여겨 이것을 놓고 돌아갔더니 지금 공의 성정이 고결하며 탐심이 없고 마음이 깨끗함을 보고 탄복되어 좋은 마음이 스스로 나서 도둑질을 아니할 것을 맹세하옵고, 앞으로는 늘 옆에 모시기를 원하오니 걱정 마시고 취하시기를 바라나이다." 공이 돈을 돌려 주며 말하기를, "네가 좋은 사람이 된 것은 참 좋으나 이 돈은 취할 수 없느니라." 하고 끝끝내 받지 않았다. 후일에 공은 판서가 되고 그의 아들 재룡(在龍)은 헌종(憲宗)의 부원군이 되었으며, 유가도 또한 신임을 얻어서 몸과 집안이 크게 번영을 하였느니라.

【註】

- 홍기섭(洪基燮) : 이조 말엽 사람. 청렴하기로 이름이 높았으며, 판서(判書)에 이르렀다.
- 홍재룡(洪在龍) : 자는 경천(景天), 홍기섭의 아들. 헌종의 장인으로서 익풍 부원군(益豐府院君)에 봉하여졌다.

고 구 려 평 원 왕 지 녀 유 시 호 제
高句麗平原王之女幼時에 好啼

왕 희 왈 이 여 장 귀 우
러니 王이 戱曰 以汝로 將歸于

우 온 달 급 장 욕 하 가 우 상
愚溫達하리라 及長에 欲下嫁于上

부 고 씨 여 이 왕 불 가 식 언
部高氏한대 女以王不可食言으로

고 사 종 위 온 달 지 처 개 온
固辭하고 終爲溫達之妻하다 蓋溫

달 가 빈 행 걸 양 모 시
達이 家貧하여 行乞養母러니 時

인 목 위 우 온 달 야 일 일
人이 目爲愚溫達也러라 一日은

온 달 자 산 중 부 유 피 이 래
溫達이 自山中으로 負楡皮而來하

왕 녀 방 견 왈 오 내 자 지 필 야
니 王女訪見曰 吾乃子之匹也라

내 매 수 식 이 매 전 택 기 물
하고 乃賣首飾而買田宅器物하여

파 부 다 양 마 이 자 온 달 종
頗富하고 多養馬以資溫達하여 終

위 현 영
爲顯榮하니라

【訓音讀】

麗 고울 려	啼 울 제	戲 희롱할 희
嫁 시집갈 가	楡 느티나무 유	飾 꾸밀 식
頗 자못 파	盖 대개 개	乞 빌 걸
匹 짝 필	器 그릇 기	顯 나타날 현

【解說】

고구려 평원왕의 딸이 어렸을 때 울기를 잘하더니 왕이 희롱하여 말하기를, "너는 장차 어리석은 바보 온달에게 시집 보내리라." 자라매 상부(上部) 고씨(高氏)에게 시집을 보내려고 하니 딸이, "임금으로서 가히 거짓말은 아니하리라." 하고 굳이 사양하고 마침내 온달의 아내가 되었느니라.

대저 온달은 집이 가난하여 다니며 빌어다가 어머니를 섬기니 그때 사람들이 이를 보고 바보 온달이라고 하더라. 하루는 온달이 산속으로부터 느티나무 껍질을 짊어지고 돌아오니 임금의 딸이 찾아와 보고 말하기를, "나는 바로 그대의 아내니라." 하고 비녀 등 장식품을 팔아 밭과 집과 살림을 사서 매우 부유해지고 말을 많이 길러 온달을 도와 마침내 몸이 영달하고 이름이 빛나게 되었느니라.

【註】

- 고구려(高句麗) : 주몽(朱蒙)이 세운 삼국 시대 3국 중의

의 하나.

- 평원왕(平原王) : 고구려 제25대 왕.
- 온달(溫達) : 평원왕의 사위로서 많은 무공을 세우고 크게 영달했다. 처음에는 바보 온달로 불렸기 때문에 바보 온달의 일화(逸話)가 후세 사람들에게 전해지고 있다.

25. 勸學篇(권학편)

주자왈 물위금일불학이유래일
朱子曰 勿謂今日不學而有來日하며 勿謂今年不學而有來年하라 日月逝矣나 歲不我延이니 嗚呼老矣라 是誰之愆고

물위금년불학이유래년 / 일월서의 세불아연 오호노 / 의 시수지건

【訓音讀】

勸 권할 권　　逝 갈 서　　嗚 울 명
愆 허물 건

【解說】

주자가 말씀하시기를, "오늘 배우지 아니하고서 내일이 있다고 말하지 말며, 올해에 배우지 아니하고서 내년이 있다고 말하지 마라. 날과 달은 흐르니 세월은 나를 위해서 더디 가지 않는다. 아! 늙었도다. 이 누구의 허물인고." 라고 하셨다.

小年(소년)은 易老(이노)하고 學難成(학난성)하니 一寸(일촌)光陰(광음)이라도 不可輕(불가경)하라 未覺池塘(미각지당)에 春草夢(춘초몽)인대 階前梧葉(계전오엽)이 已秋聲(이추성)이라

【訓音讀】

陰 그늘 음　　池 못 지　　塘 못 당

階 섬돌 계

【解說】

소년은 늙기 쉽고, 학문은 이루기 어려우니, 짧은 시간이라도 가벼이 여기지 마라. 아직 못가의 봄풀은 꿈에서 깨어나지 못했는데 어느덧 세월은 허탈하게 빨리 흘러 섬돌 앞의 오동나무는 벌써 가을 소리를 내느니라.

陶淵明詩(도연명시)에 云(운) 盛年(성년)은 不重來(부중래)하고 一日(일일)은 難再晨(난재신)이니 及時當(급시당)勉勵(면려)하라 歲月(세월)은 不待人(부대인)이니라

【訓音讀】

陶 질그릇 도　　淵 못 연　　勉 힘쓸 면

勵 힘쓸 려

【解說】

도연명의 시에 이르기를, "젊은 시절은 두 번 거듭 오지 아니하고 하루에 새벽도 두 번 있지 않으니 젊었을 때에 마땅히 학문에 힘쓰라. 세월은 사람을 기다리지 않느니라."고 하였다.

【註】

- 도연명(陶淵明) : 동진(東晋)의 시인으로 이름은 잠(潛), 자는 원량(元亮)이다. 저서로 「귀거래사(歸去來辭)」가 유명하다.

순 자 왈　부 적 규 보　무 이 지 천 리
荀子曰 不積蹞步면 **無以至千里**

부 적 소 류　무 이 성 강 하
요 **不積小流**면 **無以成江河**니라

【訓音讀】

積 쌓을 적　　蹞 반 걸음 규　　至 이를 지

河 물 하

【解說】

순자가 말씀하시기를, “반 걸음을 쌓지 않으면 천리에 이르지 못할 것이요, 작게 흐르는 물이 모이지 않으면 강이나 하천을 이룩하지 못할 것이니라.”고 하셨다.

〔雪先華〕
(눈이 내리는 시절이 지나면 꽃이 핀다. 즉, 고생이 지나면 즐거운 시절이 반드시 온다는 뜻)

역자 . **李相麒**(이상기)

- 本籍 : 慶北 尙州
- 1934年 慶北 醴泉書堂에서 漢文修學
- 1956年 慶南 海印寺에서 耘虛 스님과 佛經飜譯
- 1961年 慶北 金龍寺에서 漢學講義
- 1962年 大統領賞「면려포장증」表彰狀 受賞
- 1981年 教育部 高等教育課程 審議委員會 審議委員
- 1982年 CBS 放送教育 諮問委員
- 1986年 日本 朝日新聞 寄稿文 入選「日本의 朝鮮植民地政策實相」

- 經濟企劃院 漢文·日語 講師
- 韓國輸出公團本部 日語 飜譯要員
- 景城高等學校 漢文·日語 教師
- 新亭女子商業高等學校 漢文·日語 教師
- 大成學院 漢文·日語 講師
- 서울 通譯觀光學院 漢文·日語 講師
- 明知大學校 漢文·日語 講師
- 韓國商業銀行 研修教育 漢文·日語 講師
- 三星物產 三友設計 漢文·日語 講師
- 韓國電力 社員 研修教育 漢文·日語 講師
- 三養社 社員 研修教育 漢文·日語 講師
- 서울 市立 江西圖書館 主婦文化教室 講師
- 大韓天理教 文化센터 漢文·日語 講師
- 鍾路區 世宗路 主婦文化教室 講師
- 新世界 文化센터 教養講座 漢文·日語 講師
- 九老綜合社會福祉館 主婦趣味教室 講師
- 江南 書藝學院 서예 講師
- 서울 市立 勤勞福祉館 漢文 專任講師
- 「獨學 常用漢字」(전원문화사) 펴냄

명심보감

2019년 1월 10일 발행

지은이 * 이상기

펴낸이 * 남병덕

펴낸곳 * 전원문화사

07689 서울시 강서구 화곡로 43가길 30 . 2층
T.02)6735-2100 F.6735-2103

등록 * 1999년 11월 16일 제 1999-053호

값 12,000원